*Jurisdição Constitucional e
Legislação Pertinente no
Direito Comparado*

1046

J95   Jurisdição constitucional e legislação pertinente no
        Direito Comparado / trad. Luís Afonso Heck. –
        Porto Alegre: Livraria do Advogado Ed., 2006.
        141 p.; 14 cm.

        ISBN 85-7348-425-X

        1. Direito Constitucional: Alemanha. 2. Direito
        Constitucional: Áustria. 3. Tribunal Constitucio-
        nal. I. Heck, Luís Afonso, trad.

                            CDU - 342

        Índice para o catálogo sistemático:

        Direito Constitucional: Alemanha
        Direito Constitucional: Áustria
        Tribunal Constitucional

(Bibliotecária responsável: Marta Roberto, CRB-10/652)

Luís Afonso Heck
tradutor

Jurisdição Constitucional e Legislação Pertinente no Direito Comparado

Porto Alegre, 2006

© Luís Afonso Heck, 2006

Capa, projeto gráfico e diagramação de
Livraria do Advogado Editora

Revisão de
Luís Afonso Heck

Direitos desta edição reservados por
Livraria do Advogado Editora Ltda.
Rua Riachuelo, 1338
90010-273 Porto Alegre RS
Fone/fax: 0800-51-7522
editora@livrariadoadvogado.com.br
www.doadvogado.com.br

Impresso no Brasil / Printed in Brazil

Sumário

Apresentação 7

1. Lei do Tribunal Constitucional 1953 11

2. Lei sobre o Tribunal Constitucional Federal 67

3. Lei Constitucional-Federal Austríaca 119

4. Lei Fundamental para a República Federal da Alemanha . 135

Apresentação

Trata-se neste volume, por um lado, da tradução da lei do tribunal constitucional 1953[1] e da lei sobre o tribunal constitucional federal (lei do tribunal constitucional federal), [2] da República Austríaca e da República Federal da Alemanha, respectivamente. Por outro, da tradução da lei constitucional-federal austríaca[3] e da lei fundamental para a República Federal da Alemanha[4] no tocante ao tribunal constitucional e à jurisdição, também respectivamente.

Os textos traduzidos estão em uma relação para com a Constituição da República Federativa do Brasil em seu capítulo III, seção II, relativo ao Supremo Tribunal Federal, a Lei 9.868, de 10 de novembro de 1999, que

---

[1] A tradução dessa lei foi publicada na *Revista Brasileira de Direito Constitucional*, vol. 4, jul./dez., 2004, p. 653 e ss. A presente tradução foi revisada.

[2] A tradução dessa lei foi publicada na *Revista Brasileira de Direito Constitucional*, vol. 1, jan./jun. 2003, p. 231 e ss.; uma versão mais antiga encontra-se r.a *Revista de Informação Legislativa*, Brasília, número 127, 1995, p. 241 e ss. e no livro *O tribunal constitucional federal e o desenvolvimento dos princípios constitucionais. Contributo para uma compreensão da jurisdição constitucional federal alemã.* Porto Alegre: Sergio Antonio Fabris, 1995, p. 271 e ss. A presente tradução foi revisada.

[3] Ainda inédita.

[4] A tradução dessa parte foi publicada na *Revista Brasileira de Direito Constitucional*, vol. 1, jan./jun. 2003, p. 227 e ss.; antes já, no livro *O tribunal constitucional federal e o desenvolvimento dos princípios constitucionais* (op. cit., nota 2), p. 265 e ss. A presente tradução foi revisada.

dispõe sobre o processo e julgamento da ação direta de inconstitucionalidade e da ação declaratória de constitucionalidade perante o Supremo Tribunal Federal, e a Lei 9.882, de 3 de dezembro de 1999, que dispõe sobre o processo e julgamento da argüição de descumprimento de preceito fundamental, nos termos do § 1 do artigo 102 da Constituição Federal.

Nessa relação mostra-se, então, também, a utilidade da tradução para a investigação científica. Ela oferece, primeiro, a oportunidade de realizar uma comparação, ela permite, segundo, extrair dessa comparação as comunidades e diferenças presentes na regulação dos objetos e, terceiro, ela proporciona, a partir disso, a obtenção de conhecimentos que auxiliam na compreensão do estado da jurisdição constitucional brasileira atual. Nessa conexão estão, também, à disposição, entre outros, determinados trabalhos que podem, em continuação, prestar um auxílio valioso à investigação.

Assim, para a Áustria, por exemplo: KELSEN, Hans. *Wesen und Entwicklung der Staatsgerichtsbarkeit. Veröffentlichungen der Vereinigung der Deutschen Staatsrechtslehrer,* Heft 5, Berlin: Walter de Gruyter, 1929, S. 30 ff. Versão portuguesa: *A jurisdição constitucional.* KELSEN, Hans. *Jurisdição constitucional.* São Paulo: Martins Fontes, 2003, p. 121 e ss. Traduzido por Maria Ermantina Galvão (que tomou por base para a tradução o texto francês: La garantie jurisdictionnelle de la Constitution (La Justice Constitutionnelle) traduzido, por sua vez, por Charles Eisenmann); mesmo autor: *Wer soll der Hüter der Verfassung sein? Die Justiz,* Band VI, Berlin: Dr. Walther Rothschild, 1930/31, S. 576 ff. Versão portuguesa: *Quem deve ser o guardião da constituição?* mesma obra, p. 237 e ss. Traduzido por Alexandre Krug. Para a Alemanha, por exemplo: HECK. Luís Afonso. *O tribunal constitucional federal e o desenvolvimento dos princípios constitucionais. Contributo para uma compreensão da jurisdição constitucional federal alemã.* Porto Alegre: Sergio Antonio Fabris, 1995; HESSE, Konrad. *Grundzüge des Verfassungsrechts der Bundesrepublik Deutschland.* 20 Aufl. (Neudruck), Heidelberg: C. F. Müller Verlag, 1999. S. 239 ff., Rn. 559 ff., S. 278 ff., Rn. 669 ff. Versão portuguesa: *Elementos de direito constitucional da República Federal da Alemanha.* Porto Alegre: Sergio Antonio Fabris, 1998, p. 418 e ss., número de margem 559 e ss., p. 487 e ss., número de margem 669 e ss. Traduzido por Luís Afonso Heck. MAURER, Hartmut. *Die verfassungsrechtliche Überprüfung der Gesetze durch das Bundesverfassungsgericht.* Versão portuguesa: *A revisão jurídico-constitucional das leis pelo tribunal constitucional federal.* Tradução: Luís Afonso Heck (no prelo).

A um agradecimento especial eu estou obrigado, aqui, ao Prof. Dr. Hartmut Maurer, da Universidade de Konstanz. Ele ajudou-me não só nos esclarecimentos das dúvidas relacionadas com o trabalho da tradução, mas também na atualização dos textos, aqui, sobretudo, no arranjo dos textos relativos à república austríaca.

Devo, por fim, agradecer à Livraria do Advogado Editora por aceitar publicar estes textos legais. Com isso, ela oferece ao leitor a possibilidade de ter na mão o o material legal, cuja leitura deveria ser o primeiro passo para familiarizar-se com o tema "jurisdição constitucional".

Porto Alegre, Verão de 2005.

Luís Afonso Heck
Prof. da UFRGS

1. Lei do Tribunal Constitucional 1953[1]

1. Parte
Organização do tribunal constitucional

§ 1. (1) O tribunal constitucional compõe-se de um presidente, um vice-presidente, doze outros membros e seis membros suplentes.

(2) O posto vacante do presidente, do vice-presidente ou de um dos membros restantes ou dos membros suplentes do tribunal constitucional deve ser comunicado no "boletim oficial para o jornal de Viena" e nos jornais estaduais determinados para a publicação oficial para a candidatura geral. A publicação cabe, a cada vez, ao presidente do órgão que, segundo o artigo 147, alínea 2, da lei constitucional-federal, deve fazer a proposta de nomeação.

§ 2. (1) O tribunal constitucional elege do seu meio, para o período de três anos, encarregados contínuos. Ao vice-presidente também pode ser confiada a função de

---

[1] A tradução tem por base o texto impresso no BGBl. Nr. 85/1953 na redação que lhe foi dada pela última modificação publicada no BGBl. I, Nr. 100/2003.

Jurisdição Constitucional e Legislação Pertinente
no Direito Comparado

um encarregado contínuo. Enquanto nenhuma eleição pode ser feita, o presidente do tribunal constitucional designa os encarregados contínuos que faltam.

(2) O presidente ou o vice-presidente, pelo menos, dois dos encarregados contínuos e, pelo menos, dois membros suplentes devem ter o seu domicílio em Viena.

§ 3. (1) A direção do tribunal constitucional compete ao presidente; ele conduz a presidência nas negociações e discussões.

(2) No caso de seu impedimento o vice-presidente deve representá-lo.

(3) Se este também está impedido, então assume a direção o membro do tribunal constitucional mais velho, em anos, presente em Viena.

(4) As determinações das alíneas 2 e 3 valem também quando o posto do presidente está vacante.

(5) O presidente pode também, prescindindo do caso da alínea 2, transferir ao vice-presidente a presidência em negociações e discussões. O vice-presidente tem o direito de, nas negociações, nas quais ele não conduz a presidência, participar como dador de votos.

§ 4. (1) Os membros do tribunal constitucional recebem, a partir do primeiro dia do mês que segue a sua designação, uma indenização pecuniária em uma porcentagem relacionada com a quantia inicial do § 1 da lei constitucional federal sobre a limitação de percepções de funcionários públicos, BGBl. I, Nr. 64/1997, no seguinte montante:

1. o presidente, na extensão de 180 por cento;

2. o vice-presidente e os encarregados contínuos, na extensão de 160 por cento;

3. os membros restantes, na extensão de 90 por cento.

(2) Se o vice-presidente desempenha também a função de um encarregado contínuo, então para essa função ele não recebe nenhuma indenização.

(3) Membros suplentes do tribunal constitucional recebem para cada sessão, da qual eles participaram, uma indenização que, para cada dia de sessão, importa um décimo da indenização, que corresponde para um mês, dos membros mencionados na alínea 1, número 3.

(4) Afora as indenizações, os membros do tribunal constitucional recebem pagamentos especiais em aplicação conforme o sentido das determinações dos §§ 3, alínea 3, e 7, alínea 2, da lei do ordenado de 1956, BGBl. Nr. 54.

(5) Ao presidente do tribunal constitucional é devido um carro de serviço que, com o seu acordo, também deve ser posto à disposição do vice-presidente e dos outros membros do tribunal constitucional para viagens de serviço. O § 9, alínea 2, da lei das percepções federal, BGBl. I Nr. 64/1997, vale.

(6) Afora as percepções, o presidente do tribunal constitucional está equiparado a um ministro federal, o vice-presidente a um secretário de estado, a quem é confiada a execução de determinadas tarefas.

§ 5. (*anulado*)[2]

§ 5a. (1) Aos membros e membros suplentes não-residentes em Viena será concedida, afora as indenizações deterMinadas no § 4, para cada sessão, uma bonificação dos custos de viagem e, além disso, uma bonificação dos custos especiais causados pela permanência em Viena. A extensão dos custos de viagem e dos custos especiais causados pela permanência em Viena será regulada especialmente pelo governo federal.

---

[2] Em itálico no original.

(2) A indenização pecuniária, segundo os §§ 4 e 5 e a alínea 1, do parágrafo presente, são livres de execução.

§ 5b. (1) Aos membros do tribunal constitucional deve, por sua solicitação, após a conclusão de sua atividade do cargo, ser atribuída uma percepção de aposentadoria mensal. A percepção de aposentadoria é devida a partir do primeiro dia do mês seguinte à solicitação; não antes, contudo, do expirar do tempo pelo qual, segundo o § 5, alínea 1, a indenização pecuniária é continuada a receber.

(2) Para a percepção de aposentadoria valem as determinações jurídicas de pensão para servidores federais jurídico-públicos conforme o sentido com a reserva de que não existe pretensão de percepção de aposentadoria se a atividade do cargo terminar em conseqüência de um dos fundamentos mencionados no § 10, alínea 1, letras b e c, que a base de cálculo da pensão importa em 80 por cento da indenização pecuniária fixada no § 4, alínea 1, número 3, que após a consumação de oito anos de atividade do cargo é devido 40 por cento da base de cálculo da pensão e que a percepção de aposentadoria, para cada outro ano pleno de atividade do cargo, eleva-se em 5 por cento, e para cada mês restante pleno de atividade do cargo, em 0, 417 por cento, da base de cálculo para pensão. O § 5, alínea 2, da lei de pensão de 1965, BGBl. Nr. 340, deve ser aplicado com a reserva de que

1. em lugar da transferência para a inatividade deve entrar a destituição do cargo antes do 65 ano de vida consumado, segundo o § 10, alínea 1, letra a ou d desta lei federal e

2. a base de cálculo da pensão de 80 por cento para cada mês, que se situa entre a data da destituição do cargo e o decurso do mês no qual o membro terá consumado o seu 65 ano de vida, deve ser diminuída em 0,28 pontos porcentuais.

A percepção de aposentadoria não deve ficar abaixo de 40 por cento da base de cálculo da pensão. Ao ano de vida, que entra em consideração, a cada vez, segundo números 1 e 2, deve ser aplicado o § 263c, alínea 1, da lei do direito de serviço de funcionários de 1979, BGBl. Nr. 333. As expectativas adquiridas até 31 de dezembro de 2003, segundo a situação jurídica vigente até esse dia, permanecem intatas.

§ 5c. (1) Àqueles membros, que exerceram a função de presidente, de vice-presidente ou de um encarregado contínuo, são devidos suplementos à percepção de aposentadoria. O suplemento importa para cada ano pleno, no qual uma dessas funções foi exercida, 8 por cento da quantia de diferença entre a indenização pecuniária, segundo o § 4, alínea 1, números 1 e 2, e a indenização pecuniária, segundo o § 4, alínea 1, número 3, no máximo, contudo, 80 por cento da quantia de diferença correspondente à função máxima possuída. Os períodos que não chegaram à repercussão para a função mais alta devem, nisso, ser atribuídos à duração da função baixa mais próxima possuída. No caso de uma diminuição da base de cálculo da pensão, segundo o § 5b, alínea 2, última proposição, deve a dimensão máxima do suplemento, determinada na 2. proposição, ser diminuída correspondentemente.

(2) Se o membro ainda não adquiriu pretensão de percepção de aposentadoria no sentido do § 5b, contudo, pelo menos, três anos possuiu funções segundo a alínea 1, então lhe deve, por solicitação, ser atribuída uma percepção de aposentadoria mensal no montante do suplemento.

§ 5d. (*caiu*) [3]

---

[3] Em itálico no original.

§ **5e.** O membro pode renunciar à expectativa de percepção de aposentadoria (suplemento), segundo os §§ 5b e 5c, ou a um de ambos. À medida que uma tal renúncia não foi pronunciada, o membro deve pagar, na via da dedução, 22,79 por cento da indenização pecuniária que é devida a cada vez, ou, no caso de renúncia parcial, da parte correspondente da indenização pecuniária, assim como do pagamento especial. Uma revogação da renúncia é inadmissível.

§ **5f.** Se um membro do tribunal constitucional morre durante a atividade do cargo ou morre o recebedor de uma percepção de aposentadoria, segundo o § 5b, seus supérstites recebem uma assistência. Se morre um membro do tribunal constitucional durante a atividade do cargo, é devido aos seus supérstites uma cota para o caso de morte. À cota para o caso de morte e à assistência devem ser aplicadas as determinações da mesma classe que valem para funcionários federais e seus supérstites. Para a medição das prestações de assistência devem ser tomadas por base a percepção de aposentadoria, segundo o § 5b, e o suplemento, segundo o § 5c.

§ **5g.** Os §§ 5b até 5e e 5f, primeira e última proposição, também devem ser aplicados a membros antigos do tribunal constitucional e a seus supérstites.

§ **5h.** As determinações sobre a contribuição, segundo o § 13a da lei de pensão de 1965, BGBl. Nr. 340/1965, devem ser aplicadas com as seguintes reservas:

1. No lugar da expressão "prestações pecuniárias repetentes mensalmente segundo esta lei federal" entra a expressão "percepções (de assistência) de aposentadoria segundo os §§ 5b até 5g desta lei federal".

2. A contribuição a ser prestada segundo o número 1 eleva-se, cada vez, em 5,7 pontos porcentuais.

§ 5i. (Determinação constitucional) (1) A indenização pecuniária segundo o § 4 e as outras percepções, percepções de aposentadoria e remunerações, que um membro do tribunal constitucional recebe de um titular jurídico, que está sujeito ao controle do tribunal de contas, não deve superar, no total, a percepção de um ministro federal.

(2) Para membros antigos do tribunal constitucional deve ser aplicada a alínea 1 com a reserva que no lugar da indenização pecuniária, segundo o § 4, deve entrar a percepção de aposentadoria (suplemento), segundo os §§ 5b e 5c.

(3) Se a soma das pretensões, segundo a alínea 1 ou 2, supera os limites lá mencionados, então a contribuição, segundo o § 4, deve ser diminuída correspondentemente.

(4) Se um membro ou membro antigo do tribunal constitucional tem uma pretensão de prestações pecuniárias com base em uma atividade ou em uma atividade mais antiga em um órgão das comunidades européias (artigo 23c, alínea 1, da lei constitucional-federal) devem, desviante da alínea 3, ser pagas as pretensões, segundo a alínea 1 ou 2, somente na extensão para que a soma das pretensões de prestações pecuniárias (exceto aquelas que são concedidas expressamente como indenização para os gastos que resultam, pelo domicílio, no local de serviço) desses órgãos da comunidade européia fiquem atrás do limite máximo citado na alínea 1 ou 2.

(5) O membro ou membro antigo do tribunal constitucional deve comunicar sem demora todas as pretensões de prestações pecuniárias citadas nas alíneas 1 até 4, assim como modificações das mesmas a todos os postos pagantes.

(6) As alíneas 1 até 5 também devem ser aplicadas às percepções de assistência dos supérstites de membros antigos do tribunal constitucional.

§ 6. (1) Para cada negociação do tribunal constitucional, o vice-presidente e todos os membros restantes devem ser invitados.

(2) No caso do impedimento de um membro, deve ser convidado um membro suplente. Nisso deve ser tomado em consideração o quanto antes isto, se o membro impedido foi nomeado por proposta do governo federal, por proposta do conselho nacional ou por proposta do conselho federal. O mesmo vale, caso o posto de um membro tornou-se vacante até a sua ocupação.

§ 7. (1) O tribunal constitucional tem quórum quando o presidente e, pelo menos, oito dadores de votos estão presentes.

(2) Na negociação sobre os assuntos seguintes basta para o quórum a presença do presidente e de quatro dadores de votos:

a) sobre pretensões jurídico-patrimoniais contra a federação, os estados, os municípios e grêmios de municípios, que nem devem ser dirimidas na via jurídica ordinária nem ser despachadas por decisão de uma autoridade administrativa (artigo 137 da lei constitucional-federal);

b) sobre conflitos de competência entre tribunais e autoridades administrativas (artigo 138, alínea 1, letra a, da lei constitucional-federal);

c) sobre todos os casos que são despachados em sessão não-pública, com exceção dos casos do § 10, alíneas 2 e 4;

d) por solicitação dos encarregados, com aprovação do presidente, no tratamento de recursos em assuntos judiciais nos quais a questão jurídica já está esclarecida suficientemente pela jurisprudência até agora.

§ 8. (1) Os membros do tribunal constitucional prometem solenemente antes da posse de seu cargo a observância inviolável da constituição e de todas as outras leis da república, assim como o cumprimento consciencioso de seus deveres.

(2) O presidente e o vice-presidente prestam a promessa solene na mão do presidente federal, os membros e membros suplentes na mão do presidente do tribunal constitucional.

(3) A juntada de um voto religioso à promessa solene a ser prestada segundo as alíneas 1 e 2 é admissível.

§ 9. A dação de férias ao presidente ou vice-presidente está reservada ao presidente federal. Aos membros e membros suplentes do tribunal constitucional as férias são dadas pelo presidente do tribunal.

§ 10. (1) Um membro ou membro suplente deve, por decisão do tribunal constitucional, ser destituído do cargo:

a) quando se produz uma circunstância que, segundo o artigo 147, alínea 4, da lei constitucional-federal, exclui que o membro (membro suplente) continue a pertencer ao tribunal constitucional;

b) quando os pressupostos do artigo 147, alínea 7, da lei constitucional-federal estão dados;

c) quando o membro (membro suplente) por sua conduta dentro ou fora do cargo mostrou-se indigno da consideração e da confiança, que seu cargo exige, ou se violou gravemente a obrigação para com o segredo profissional; ou

d) quando o membro (membro suplente) por enfermidade corporal ou espiritual torna-se inútil para o cumprimento de seu dever do cargo.

Jurisdição Constitucional e Legislação Pertinente
no Direito Comparado

(2) O procedimento para a destituição de um membro (membro suplente) do cargo pode, nos casos citados na alínea 1, sob as letras a até c, ser aberto somente com base em uma resolução tomada do tribunal constitucional depois do interrogatório desse membro (membro suplente) pelo presidente ou pelo membro do tribunal constitucional com isso confiado pelo presidente. A resolução é tomada em sessão não-pública depois da audiência do procurador-geral e deve designar os pontos de acusação com precisão. O tribunal constitucional pode, também em sessão não-pública, dispor a demissão provisória de um membro, contra o qual é aberto o procedimento, do cargo. Ao procedimento ulterior são aplicáveis conforme o sentido *as prescrições dos §§ 15, 16, 18 até 23 da lei disciplinar dos juízes, de 21 de maio de 1868, RGBl. Nr. 46.* [4] Se uma violação do dever apresenta uma atuação punível judicialmente valem conforme o sentido *as prescrições dos §§ 33 e 34 da lei por último referida.*[5]

(3) Ao procedimento no caso da alínea 1, letra d, são aplicáveis conforme o sentido as determinações do § 52, alínea 2 e do § 53 da lei disciplinar dos juízes mencionada.

(4) Uma decisão do tribunal constitucional, segundo a alínea 1, pode somente ser tomada com uma maioria de pelo menos dois terços dos membros e deve dizer a demissão do membro (membro suplente) do cargo. No caso da alínea 1, letra b, o tribunal constitucional deve limitar-se à comprovação que o membro (membro suplente) não obedeceu a três invitações consecutivas para uma negociação do tribunal constitucional sem escusa suficiente; essa comprovação equipara-se a uma decisão de demissão do cargo.

---

[4] Em itálico no original.
[5] Em itálico no original.

§ 11. Se um posto no tribunal constitucional está desocupado, o presidente deve comunicar isso ao chanceler federal que, por causa do pedido da proposta necessária para esse posto (artigo 147, alínea 2, da lei constitucional-federal), deve ordenar o necessário.

§ 12. (1) A recusa de um membro, membro suplente em um assunto que chegou ao tribunal constitucional para negociação não é admissível.

(2) Um membro, membro suplente do tribunal constitucional está excluído do exercício de seu cargo:

a) nos casos nos quais um juiz estaria excluído segundo as leis processuais referidas nesta lei;

b) se ele, no assunto presente ao tribunal constitucional, cooperou na expedição de uma notificação no procedimento administrativo.

(3) Da negociação e decisão sobre uma impugnação de eleição estão excluídos os membros, membros suplentes que no assunto participaram na decisão de uma autoridade eleitoral.

(4) No exame da conformidade à lei de regulamentos ou publicações de repromulgação de uma lei (tratado estatal) estão excluídos os membros (membros suplentes) que na data da expedição do regulamento ou publicação pertenceram ao governo federal ou ao respectivo governo estadual. No exame da conformidade à constituição de leis estão excluídos os membros (membros suplentes) que pertenceram à entidade dadora de leis, que resolveu a lei, na data da resolução da lei. Do mesmo modo, no exame da conformidade à constituição de leis federais também estão excluídos os membros (membros suplentes) que pertenceram ao conselho federal na data da votação sobre a resolução da lei do conselho federal. No exame da conformidade ao direito de tratados estatais, as determinações da primeira pro-

posição, à medida que se trata de tratados estatais, autorizados segundo o artigo 50, alínea 1, da lei constitucional-federal, ou de modificadores de lei ou complementadores de lei segundo o artigo 16, alínea 1, da lei constitucional-federal, além disso, as determinações da segunda e terceira proposição devem ser aplicadas conforme o sentido.

(5) No exame da conformidade à lei de regulamentos, da conformidade à lei de publicações de repromulgação de uma lei (tratado estatal), da conformidade à constituição de leis ou da conformidade ao direito de tratados estatais estão, se o exame deve ser realizado por solicitação de um tribunal (de um tribunal administrativo independente, da secretaria de adjudicação federal), excluídos os membros (membros suplentes) que pertencem ao tribunal solicitante (tribunal administrativo independente, secretaria de adjudicação federal).

(6) Se um fundamento de exclusão existe, decide o próprio tribunal constitucional, e precisamente, em sessão não-pública.

§ **13.** (1) Sem prejuízo do artigo 65, alínea 2, letra a, da lei constitucional-federal, os assuntos relativos ao pessoal administrativo pertencente ao tribunal constitucional e aos requisitos materiais são conduzidos pelo presidente.

(2) Antes de medidas de pessoal importantes, especialmente antes da admissão no efetivo de pessoal e antes do confiar de membros do pessoal administrativo com funções dirigentes, deve ser escutado o senado de pessoal composto do presidente, do vice-presidente e dos encarregados contínuos.

§ **13a.** (1) No tribunal constitucional deve ser instalado um escritório de registro. Se o presidente confia um membro do tribunal constitucional com a direção do escritório de registro, então esse, com respeito às pretensões jurídicas de indenização pecuniária e de pensão, está equiparado a um encarregado contínuo.

(2) Ao escritório de registro cabe especialmente o registro claro das decisões do tribunal constitucional, em caso de necessidade também das decisões de outros tribunais superiores e da literatura correspondente.

§ 14. (1) O tribunal constitucional resolve o seu regulamento interno mesmo. Ele deve ser publicado pelo chanceler federal.

(2) No regulamento interno também será regulado quais meios – prescindindo da imposição de penas por malícia e por desordem, segundo o § 28 – estão à disposição do presidente na aplicação do regulamento interno e para a manutenção da tranqüilidade e ordem nas negociações e discussões do tribunal constitucional.

(3) O tribunal constitucional escreve, após a conclusão de cada ano, um relatório sobre sua atividade e as experiências colecionadas nisso e comunica esse relatório ao chanceler federal.

2. Parte
Procedimento diante do tribunal constitucional

1. Parte principal
Prescrições gerais

§ 15. (1) As solicitações dirigidas ao tribunal constitucional segundo os artigos 137 até o 145 da lei constitucional-federal devem ser apresentadas por escrito.

(2) A solicitação deve conter a referência ao artigo da lei constitucional-federal, em cuja base o tribunal constitucional é chamado, a apresentação do fato, do qual a solicitação é deduzida, e um determinado pedir.

§16. O presidente destina cada assunto judicial que se produziu a um encarregado contínuo. Mas ele pode, excepcionalmente, confiar também a um outro membro do tribunal constitucional uma comunicação.

§ 17. (1) A cada petição devem ser juntadas tantas cópias da petição e a cada anexo, que a cada parte (autoridade), a ser convidada segundo a lei da negociação, possa ser distribuído um exemplar.

(2) Demandas segundo o § 37, solicitações segundo os §§ 46, 48, 50, 57, 62 e 66 assim como recursos, quando eles não caem sob a determinação do § 24, alínea 2, devem ser produzidas por um advogado plenipotenciário.

(3) Solicitações de um terço dos membros do conselho nacional, do conselho federal ou de um parlamento estadual, segundo o artigo 140, alínea 1, da lei constitucional-federal, não precisam ser produzidas por um advogado plenipotenciário.

(4) As petições podem conter também alegações de direito.

§ 17 a. (1) Para solicitações segundo o § 15, alínea 1, inclusive para os anexos, deve ser paga uma taxa de petição de 180 Euro. Entidades territoriais estão isentas do pagamento da taxa de petição. A dívida de taxa nasce na data da entrega da petição; a taxa fica vencida com essa data. A taxa deve ser paga ao ela ser depositada com recibo de pagamento com declaração da finalidade do emprego em uma conta correspondente da secretaria da fazenda para taxas e impostos de circulação em Viena. A prova, certificada postalmente, do depósito com recibo de pagamento deve ser juntada à petição e, a pedido, devolvida ao solicitador do ponto de entrada; antes, deve ser colocado no impresso de depósito um visto claro e na cópia da petição, que permanecerá no auto, deve ser certificado que o pagamento da taxa foi provado por apresentação do depósito com recibo. Para a cobrança da taxa de petição é competente em primeira instância a secretaria da fazenda para taxas e impostos de circulação em Viena. De resto, valem para a taxa de petição as determinações da lei de taxas de 1957, BGBl., NR. 267, sobre petições com exceção do § 11, número 1, e do § 14, assim como os §§ 74, 203 e 241, alíneas 2 e 3, da ordenação tributária federal de 1961, BGBl. Nr. 194.

(2) O chanceler federal e o ministro para finanças estão autorizados a fixar de novo a taxa de petição, em acordo com a comissão principal do conselho nacional, por regulamento, assim que e à medida que o índice de preço do consumidor de 1966, comunicado pela instituição federal "estatística austríaca", ou um índice que ocupou o lugar desse perante o comunicado para janeiro de 1977, e subseqüentemente perante o número-índice tomado por base para a última fixação, modificou-se em mais de 10 por cento. A nova quantia deve ser calculada da quantia mencionada na alínea 1 em relação à alteração do número-índice comunicado para janeiro de 1977, para o número-índice decisivo à fixação nova, contudo, deve ser arredondado para Euro inteiro.

§ 18. Petições que não correspondem às exigências dos §§ 15 e 17 ou outros requisitos de forma feitos por esta lei devem, contanto que o defeito provavelmente deva ser dissipado, pelo encarregado, ser postas de parte ao apresentador para o melhoramento dentro de um prazo.

§ 19. (1) As decisões do tribunal constitucional são, com exceção das decisões segundo o § 10, § 36d, § 92 e § 93, em união com o § 92, criadas após um procedimento oral público, para o qual devem ser convidados o solicitador, a parte contrária e os participantes, por exemplo, costumeiros.

(2) As decisões são proclamadas e sancionadas em nome da república.

(3) Sem outro procedimento e sem negociação precedente podem, em sessão não-pública, por solicitação do encarregado, ser resolvidos:

1. a recusa do tratamento de um recurso segundo o artigo 14, alínea 2, da lei constitucional-federal;

2. a recusa de uma solicitação por causa de:

a) não-competência notória do tribunal constitucional;

b) perda de um prazo legal;

c) defeito do requisito formal não dissipado;

d) matéria decidida com coisa julgada; e,

e) defeito de legitimação.

3. A suspensão do procedimento por causa da retirada da solicitação ou por causa da satisfação da demanda (§ 86).

(4) O tribunal constitucional pode prescindir de um procedimento oral quando os escritos das partes do procedimento judicial-constitucional e os autos apresentados ao tribunal constitucional deixam reconhecer que a discussão oral não deixa esperar um outro esclarecimento do assunto judicial. Sem procedimento oral podem, ademais, em sessão não-pública, por solicitação do encarregado, ser resolvidos:

1. a denegação de um recurso, quando um direito garantido legal-constitucionalmente notoriamente não foi violado;

2. a decisão em assuntos judiciais nos quais a questão jurídica já está esclarecida suficientemente pela jurisprudência até agora do tribunal constitucional;

3. o acolher um recurso que deu lugar à anulação de um regulamento antilegal, de uma publicação antilegal de repromulgação de uma lei (tratado estatal), de

uma lei anticonstitucional ou de um tratado estatal antijurídico.

(5) Ademais deve, em uma resolução, a ser tomada em sessão não-pública – prescindindo dos casos que estão previstos nesta lei e nas leis designadas no § 35, alínea 1 – ser decidido sobre solicitações de execução de decisões do tribunal constitucional e sobre solicitações de determinação dos custos no caso de uma suspensão do procedimento.

§ 20. (1) Despachos de natureza só dirigente processual no procedimento preparatório, assim como disposições, que servem somente à preparação da negociação, são feitos por encarregados sem pedido de uma resolução judicial.

(2) Especialmente pode o encarregado, para a preparação da negociação, dispor o interrogatório de participantes, testemunhas, peritos e pessoas informantes, a execução de uma inspeção, o mandar buscar de documentos ou autos oficiais, assim como pedir informações de autoridades. A autoridade deve apresentar os autos. Se a autoridade não apresentou os autos, não fez uma manifestação (contra-escrito) ou, sem dúvida, fez uma manifestação (contra-escrito), mas não apresentou os autos do procedimento administrativo, então pode o tribunal constitucional, se ele antes expressamente chamou a atenção da autoridade sobre essa conseqüência da rebeldia, decidir com base nas afirmações do solicitador (promovente do recurso).

(3) As autoridades podem, na apresentação de autos ao tribunal constitucional, dar a conhecer se e quais autos ou partes dos autos devem, no interesse público, ser excluídos da vista que compete aos participantes costumeiramente. Se o encarregado considera que a exclusão de autos ou partes de autos comunicada pela autoridade vai muito longe, então ele deve ouvir a

autoridade sobre suas objeções e pode, no máximo, pedir sobre isso uma resolução do tribunal, a ser tomada em sessão não-pública.

(4) O próprio encarregado pode realizar o levantamento preparatório ou solicitar para isso a autoridade competente.

(5) Escritos de solicitação partem do presidente.

(6) As cópias escritas das decisões, resoluções e outros despachos do tribunal constitucional são, com a reprodução da produção da chancelaria acrescentada ao original, autenticados com a nota "para a correção da cópia".

§ 21. (1) Uma negociação, que está fixada em um prazo, somente pode ser transferida por fundamentos consideráveis. Para uma solicitação dirigida a isso a aprovação da parte contrária nem é necessária nem suficiente.

(2) A transferência é resolvida pelo tribunal, quando esse está reunido, ao contrário, disposta pelo presidente.

§ 22. O presidente ordena a negociação. Ela deve antes ser publicada por anúncio no quadro oficial e no "boletim oficial para o jornal de Viena".

§ 23. A falta dos convidados não se opõe à negociação e decisão.

§ 24. (1) As próprias partes podem, sem prejuízo da determinação do § 17, alínea 2, dirigir sua matéria diante do tribunal constitucional ou deixar-se representar por um advogado.

(2) A federação, os estados, os municípios e os grêmios de municípios, os institutos, fundos e instituições, que são administrados por órgãos dessas entidades ou por pessoas (comunidades de pessoas), que para

isso são designadas por essas entidades, e as outras entidades com auto-administração, assim como suas autoridades, são representados por órgãos autorizados para representação ou plenipotenciários.

(3) Com a representação da federação e dos estados, dos institutos, fundos e instituições, que são administrados por órgãos da federação ou dos estados ou por pessoas (comunidades de pessoas), que para isso são designadas por órgãos dessas entidades, assim como suas autoridades, pode também a procuradoria financeira ser confiada, com a representação dos estados, dos municípios e grêmios de municípios e dos institutos, fundos e instituições, que são administrados por órgãos dessas entidades ou por pessoas (comunidades de pessoas), que para isso são designadas por órgãos dessas entidades, assim como as suas autoridades, podem também órgãos dos ministérios federais, que entram em consideração materialmente, ser confiados. A procuradoria financeira e os órgãos dos ministérios federais, contudo, podem somente assumir a representação de um outro titular jurídico que a federação se nem uma autoridade federal nem a própria federação tomam parte no procedimento e na representação de autoridades dos ministérios federais, que entram em consideração materialmente, mais além, o ministro para finanças aprova.

(4) A representação por um advogado ou pela procuradoria financeira não exclui que também as próprias partes apareçam e dêem declarações em nome próprio.

(5) os órgãos e representantes que se apresentam para as partes devem provar sua plenipotência.

(6) Por regulamento do governo federal é determinado se e para quais dos representantes designados nas alíneas 1 e 3 é prescrito ou declarado como admissível o

uso de trajes oficiais nas negociações do tribunal constitucional.

§ 25. A negociação inicia com a exposição do encarregado. Seu relatório deve conter o fato que resulta dos autos, o texto das solicitações apresentadas pelas partes e o resultado dos levantamentos tratados, por exemplo. As alegações de direito contidas nas petições escritas somente então devem ser lidas, se a petição procede de uma parte que não apareceu para a negociação ou se uma das partes aparecidas pede a leitura.

§ 26. (1) A decisão deve, se possível, ser pronunciada em seguida após a conclusão do procedimento oral e proclamada oralmente de imediato com os fundamentos da decisão essenciais. A proclamação da decisão não é dependente da presença das partes.

(2) Se a decisão não pode ser pronunciada de imediato após a conclusão do procedimento oral, então ela será ou proclamada oralmente em uma data de comparecimento especial pública, a ser dada a conhecer às partes de imediato após a conclusão da negociação ou, segundo poder discricionário do tribunal, levada ao conhecimento por vias escritas por distribuição de uma cópia.

§ 27. O ressarcimento dos custos do procedimento somente tem lugar se ele está previsto expressamente nesta lei. Se é solicitada a conferição de custos, então custos que se produzem regularmente, em especial para a solicitação (o recurso) e para a participação em negociações, não precisam ser registrados numericamente.

§ 28. (1) Para pessoas, que perturbam a ação oficial do tribunal constitucional ou violam a decência por conduta impertinente, pode o presidente, se exortação ficou sem resultado, impor uma pena por desordem até o montante de 36 Euro e, caso essa seja incobrável, prisão até três dias. Em circunstâncias agravantes a imposição de uma pena de prisão, independente ou simultânea, é admissível até a duração indicada. As mesmas penas por desordem o tribunal constitucional pode impor para pessoas que em petições escritas servem-se de uma ortografia ofensiva. A imposição de uma pena por desordem não exclui a perseguição judicial-penal por causa da mesma atuação.

(2) Contra pessoas que utilizam a atividade do tribunal constitucional notoriamente maliciosamente ou na intenção de uma dilação do assunto fazem declarações incorretas, pode o tribunal constitucional impor uma pena por malícia até 109 Euro e no caso da incobrabilidade, prisão até nove dias.

(3) As penas por desordem e por malícia afluem para a federação.

(4) A execução das resoluções do presidente, segundo a alínea 1, ou do tribunal constitucional, segundo alínea 1 ou 2, é realizada pelos tribunais ordinários. A resolução forma o título executivo.

§ 29. (1) Sobre a negociação deve ser redigido um protocolo; ele deve conter o nome do presidente, do dador de votos do tribunal constitucional presente, das partes dos seus representantes aparecidos, assim como os acontecimentos essenciais da negociação, em especial, as solicitações apresentadas pelas partes.

(2) Sobre a discussão e votação não-pública deve ser redigido um protocolo especial. Cada protocolo deve ser assinado pelo presidente e pelo secretário.

§ 30. (1) A discussão e votação não são públicas.

(2) A discussão inicia com a apresentação da solicitação do encarregado, sobre a qual é introduzido o

diálogo. Após a conclusão do diálogo realiza-se a votação.

(3) O presidente determina em qual ordem devem ser votadas as solicitações apresentadas. Por solicitação de um dador de votos deve sobre isso ser pedido do tribunal uma resolução. Os dadores de votos devem dar os seus votos segundo a idade de vida, iniciado pelo mais velho.

§ 31. As resoluções são tomadas com maioria de votos incondicional. O presidente não vota junto. Mas se, de várias opiniões, pelo menos, uma uniu em si a metade de todos os votos, então também o presidente está obrigado a dar o seu voto. Se ele, nesse caso, adere a uma opinião, que uniu em si a metade dos votos, ela está votada. Se a diferença entre duas opiniões divididas igualmente consiste somente sobre somas, pode o presidente também determinar uma soma mediana. Resoluções segundo o § 19, alínea 3, número 1, e alínea 4, número 1, carecem da unanimidade.

§ 32. (1) Se não resultou para nenhuma opinião a maioria de votos necessária para uma resolução, a sondagem deve ser repetida.

(2) Se também com isto não resulta a maioria de votos necessária, deve ser feita uma nova votação, na qual as solicitações apresentadas, em caso de necessidade, devem ser decompostas em vários pontos de questão.

(3) A resolução tomada sobre um ponto deve ser tomada por base para a discussão e tomadas de resolução sobre todos os pontos seguintes de tal forma que também os dadores de votos, que não aprovaram a resolução antiga, devem aceitá-la como fundamento e, segundo isso, votar além.

§ 33. Uma reposição na situação anterior por causa de perda de um prazo pode ter lugar somente no caso do artigo 144 da lei constitucional-federal. Sobre uma tal solicitação decide o tribunal constitucional em sessão não-pública.

§ 34. Uma revisão do procedimento pode ter lugar somente nos casos dos artigos 137, 143 e 144 da lei constitucional-federal. Sobre a sua admissibilidade decide o tribunal constitucional em sessão não-pública.

§ 35. (1) À medida que esta lei não contém outras determinações, as determinações da ordenação processual civil e da lei de introdução para ordenação processual civil devem ser aplicadas conforme o sentido.

(2) Especialmente também são aplicáveis as determinações desta lei ao cômputo de prazos; os dias da marcha do correio não são incluídos no cálculo dos prazos.

§ 36. Para execuções, que devem ser realizadas com base no artigo 126a, no artigo 127c ou no artigo 137 da lei constitucional-federal, a decisão do tribunal constitucional forma o título executivo.

2. Parte principal
Prescrições especiais

A. Em divergência de opiniões sobre a interpretação das determinações legais que regulam a competência do tribunal de contas ou de uma instalação, da mesma classe do tribunal de contas, de um estado
(artigo 126a e artigo 127c da lei constitucional-federal)

§ 36a. (1)Em divergência de opiniões entre o tribunal de contas e um titular jurídico (artigo 121, alínea 1, da lei constitucional-federal) sobre a interpretação das determinações legais, que regulam a competência do tribunal de contas, podem o tribunal de contas, assim como em assuntos de contabilidade, o governo federal, e em assuntos de contabilidade estadual, de grêmios de municípios e municipal, o governo estadual, apresentar a solicitação para decisão pelo tribunal constitucional. Uma divergência de opinião existe quando um titular jurídico impugna expressamente a competência do tribunal de contas para a revisão de contabilidade ou realmente não admite a revisão de contabilidade ou, então, o tribunal de contas recusa-se a realizar atos de revisão de contabilidade especiais.

(2) Uma solicitação não mais é admissível se desde a apresentação da divergência de opinião um ano passou.

§ 36b. Se o tribunal constitucional é chamado, então isso tem como conseqüência a suspensão ou a interrupção da ação oficial afetada do tribunal de contas até a decisão pelo tribunal constitucional.

§ 36 c. (1) Partes do procedimento são o solicitador e o titular jurídico, com o qual nasceu uma divergência de opinião sobre a competência do tribunal de contas, no caso do § 36a, alínea 1, última proposição, também o tribunal de contas.

(2) Se a divergência de opinião resultou com um titular jurídico, que não é entidade territorial, então devem, no caso de uma empresa, aquelas entidades territoriais que tomam parte nesta, quando se trata, contudo, de um outro titular jurídico, aquelas entidades territoriais em cujo âmbito de contabilidade o titular jurídico afetado cai, ser requeridas pelo tribunal constitucional para uma manifestação e como partes participantes, incluídas no procedimento.

§ 36d. Em uma decisão, com a qual é comprovado que o tribunal de contas é competente para a revisão da contabilidade de um titular jurídico, também deve ser declarado que o titular jurídico deve possibilitar a revisão de contabilidade em outra execução.

§ 36e. A decisão do tribunal constitucional deve ser pronunciada o quanto antes dentro de seis meses após a chegada da solicitação e ser comunicada às partes do procedimento.

§ 36f. (1) No procedimento sobre uma divergência de opinões entre uma entidade territorial e o tribunal de contas não são adjudicados custos.

(2) No procedimento sobre uma divergência de opinão entre outros titulares jurídicos e o tribunal de contas pode, por solicitação, à parte vencida, assim como a uma parte, que retirou a sua solicitação antes do procedimento oral, ser imposto o ressarcimento dos custos processuais.

§ 36g. (*caiu*)[6]

B. Em pretensões jurídico-patrimoniais contra a federação, os estados, os municípios e grêmios de municípios, que nem devem ser dirimidas na via jurídica ordinária nem despachadas por uma decisão de uma autoridade administrativa
(artigo 137 da lei constitucional-federal)

§ 37. O pedir deve ser posto em uma demanda que é dirigida contra a federação, contra um estado, ou contra um município ou contra um grêmio de município como parte demandada.

---

[6] Em itálico no original.

Jurisdição Constitucional e Legislação Pertinente
no Direito Comparado

§ 38. A demanda pode ser dirigida à comprovação da existência ou não-existência de um direito ou relação jurídica, se a parte demandante tem um interesse nisto, que o direito ou a relação jurídica seja comprovado em seguida.

§ 39. (1) Uma cópia da demanda, juntamente com seus anexos, deve ser distribuída à parte demandada com o pedido de apresentar um contra-escrito dentro de um determinado prazo. Esse prazo deve, pelo menos, ser medido em duas semanas.

(2) Para a preparação da negociação pode à parte ser liberada também a feitura de outras manifestações e contramanifestações dentro de prazos a serem determinados.

(3) Uma prorrogação desses prazos pode ser concedida somente por fundamentos consideráveis; a aprovação da parte contrária para isso nem é necessária nem suficiente.

§ 40. Após a chegada do contra-escrito e outras manifestações, por exemplo, pedidas ou após decurso dos prazos, o presidente fixa em um prazo a negociação.

§ 41. À parte vencida pode, por solicitação, ser imposto o ressarcimento dos custos processuais. O ressarcimento de custos pode, por solicitação, também ser imposto à parte demandante se ela retira antes do início do procedimento oral a demanda por ela apresentada e já nasceram custos para a parte demandada.

C. Em decisões em questões de competência
(artigo 138 da lei constitucional-federal)

a) Nos casos do artigo 138, alínea 1, da lei constitucional-federal (conflitos de competência)

§ 42. (1) A solicitação por decisão de um conflito de competência, que nasce pelo fato de um tribunal e uma autoridade administrativa (artigo 138, alínea 1, letra a, da lei constitucional-federal) utilizarem-se da decisão da mesma matéria ou decidirem mesmo o fundo da matéria (conflito de competência afirmador) somente pode ser apresentada enquanto não foi pronunciada no principal uma decisão com coisa julgada.

(2) A solicitação deve ser apresentada pelas autoridades administrativas da federação ou de um estado supremas competentes dentro do prazo de quatro semanas após o decurso do dia no qual a autoridade obteve conhecimento oficial do conflito de competência.

(3) A perda desse prazo tem como conseqüência a competência do tribunal para a decisão do assunto judicial.

(4) A autoridade solicitante deve comunicar de imediato ao tribunal afetado que ela apresentou a solicitação.

(5) A chegada dessa comunicação interrompe o procedimento pendente até a decisão do tribunal constitucional.

§ 43. (1) Se um conflito de competência nasceu pelo fato de o tribunal administrativo e um outro tribunal ou o tribunal administrativo e o tribunal constitucional mesmos ou, enfim, um tribunal ordinário e um outro tribunal (artigo 138, alínea 1, letra b, da lei constitucional-federal) utilizarem-se da decisão da mesma matéria (conflito de competência afirmador), então o tribunal constitucional somente então deve pronunciar uma decisão, se do tribunal ou de um dos tribunais mencionados ainda não foi pronunciada no principal uma decisão com coisa julgada.

Jurisdição Constitucional e Legislação Pertinente
no Direito Comparado

(2) Se um tribunal já pronunciou no principal uma decisão com coisa julgada, então fica em pé a competência exclusiva desse tribunal.

(3) Se ainda não existia no principal uma decisão com coisa julgada, então o procedimento para decisão do conflito de competência deve ser aberto assim que o tribunal constitucional obtém conhecimento do nascimento do conflito, seja por declaração de um tribunal designado na alínea 1 ou das autoridades ou partes participantes na matéria, seja pelo conteúdo dos seus próprios autos.

(4) As autoridades designadas na alínea 3 estão obrigadas a essa declaração.

(5) A abertura do procedimento no tribunal constitucional interrompe o procedimento pendente no tribunal afetado até a decisão do conflito de competência.

§ 44. Durante a interrupção pode a suspensão de uma execução concedida, a execução para o asseguramento, uma medida cautelar ou sua suspensão ser concedida pelo tribunal competente em conformidade com as determinações da ordenação de execução.

§ 45. Para a negociação devem ser convidadas as partes participantes. Às autoridades participantes, inclusive dos tribunais, deve ser liberado o aparecer.

§ 46. (1) A solicitação por decisão de um conflito de competência, que nasceu pelo fato de na mesma matéria um tribunal e uma autoridade administrativa ou o tribunal administrativo e um outro tribunal ou o tribunal administrativo e o tribunal constitucional ou um tribunal ordinário e um outro tribunal (artigo 138, alínea 1, letras a e b, da lei constitucional-federal) terem recusado a competência (conflito de competência negador), somente pode ser apresentada pelas partes participantes.

(2) Para a negociação deve ser convidada a parte participante. Às autoridades participantes, inclusive dos tribunais, deve ser liberado o aparecer.

§ 47. (1) Se nasce um conflito de competência entre dois estados ou entre um estado e a federação (artigo 138, alínea 1, letra c, da lei constitucional-federal) pelo fato de cada um dos estados ou o estado e a federação terem requerido o direito de disposição ou de decisão no mesmo assunto administrativo (conflito de competência afirmador), então pode cada um dos governos participantes apresentar a solicitação para decisão.

(2) A solicitação deve ser apresentada dentro do prazo de quatro semanas após o decurso do dia no qual o governo solicitante obteve conhecimento oficial do conflito de competência.

(3) O governo solicitante deve comunicar de imediato ao governo participante a solicitação.

(4) O chamamento do tribunal constitucional tem como conseqüência a interrupção do procedimento pendente nas autoridades administrativas.

§ 48. As pessoas participantes no procedimento têm o direito de, no caso de um conflito de competência segundo os §§ 42, 43 e 47, dirigir o pedir às autoridades administrativas ou judiciais chamadas à apresentação da solicitação, apresentar a solicitação por decisão do conflito de competência no sentido da lei. Se a essa solicitação não é correspondido dentro de um prazo de quatro semanas, então a própria parte tem o direito de apresentar a solicitação por decisão do conflito de competência dentro de outras quatro semanas no tribunal constitucional.

§ 49. Para a decisão devem ser convidados os governos participantes e as partes participantes na matéria.

Jurisdição Constitucional e Legislação Pertinente
no Direito Comparado

§ 50. (1) Se nasce um conflito de competência (artigo 138, alínea 1, letra c, da lei constitucional-federal) pelo fato de dois estados ou um estado e a federação terem recusado o direito de disposição ou de decisão no mesmo assunto administrativo (conflito de competência negador), então pode a parte denegada apresentar a solicitação por decisão.

(2) Para a negociação devem ser convidados o solicitador e os governos participantes.

§ 51. A decisão do tribunal constitucional sobre a competência também deve declarar a anulação dos atos da autoridade opositores a essa decisão.

§ 52. No caso de um conflito de competência no sentido dos §§ 46, 48 e 50, feito dependente pela parte, pode o tribunal constitucional impor à entidade territorial, cuja autoridade recusou a competência injustificadamente ou utilizou-se dela injustificadamente, a indenização dos custos processuais que nasceram para a parte. A indenização de custos pode também então ser imposta à parte, se ela retira sua solicitação antes do início do procedimento oral e a outros participantes já nasceram custos.

b) Nos casos do artigo 138, alínea 2, da lei constitucional-federal

§ 53. A solicitação no sentido do artigo 138, alínea 2, da lei constitucional-federal deve pedir a comprovação se um assunto cai na competência da federação ou dos estados conforme dação de lei ou efetivação.

§ 54. Se se trata de competência de dação de lei, então a solicitação deve conter um projeto de lei que deve formar o objeto da tomada de resolução em uma entidade dadora de lei.

§ 55. Se se trata da competência da efetivação, então a solicitação deve conter:

a) em regulamentos: o projeto do regulamento projetado e a designação da autoridade pela qual o regulamento deve ser expedido;

b) em outros atos de efetivação: o fato dado, que deve ser submetido a uma regulação, e a indicação da autoridade pela qual a decisão deve ser pronunciada.

§ 56. (1) A decisão do tribunal constitucional sobre uma solicitação segundo o § 53 será pronunciada após procedimento oral público.

(2) Para a negociação devem, afora o governo solicitante, o governo federal e todos os governos estaduais ser convidados, com o ajuntamento que eles têm a liberdade de participar na negociação.

(3) Simultaneamente com a fixação de um prazo para a negociação os governos não-solicitantes são requeridos a apresentar uma manifestação escrita sobre o objeto ao tribunal constitucional em tempo tão oportuno que essa manifestação exista, o mais tardar, uma semana antes da negociação, no tribunal constitucional.

(4) O tribunal constitucional reúne sua comprovação em um preceito jurídico. O preceito jurídico deve ser publicado pelo chanceler federal sem demora no diário oficial da federação.

D. Em uma solicitação por comprovação da existência e do cumprimento de convênios entre federação e estados ou os estados uns com os outros
(artigo 138a da lei constitucional-federal)

§ 56a. (1) A solicitação no sentido do artigo 138a, alínea 1, da lei constitucional-federal deve pedir a comprovação, que

1. um convênio entre a federação e um ou mais estados existe ou não existe ou

2. uma obrigação, resultante de um convênio entre a federação e um ou mais estados, foi cumprida ou não foi.

(2) A alínea 1 vale para convênios dos estados uns com os outros conforme o sentido.

(3) A solicitação deve ser fundamentada em seus pormenores.

§ 56b. (1) O presidente ordena sem mora o procedimento oral público. Para esse devem ser convidados os governos participantes no convênio. Ao governo federal cabe a representação da federação, aos respectivos governos estaduais, a representação do estado.

(2) Simultaneamente com a fixação de um prazo para a negociação os governos participantes na matéria são requeridos a apresentar uma manifestação escrita sobre o objeto ao tribunal constitucional em tempo tão oportuno que ela exista, o mais tardar, uma semana antes da negociação, no tribunal. O tribunal constitucional pode também requerer os outros governos participantes no convênio para a entrega de manifestações.

E. Em impugnação da conformidade à lei de regulamentos
(artigo 139 da lei constitucional-federal)

§ 57. (1) A solicitação de anular um regulamento como antilegal deve pedir que ou o regulamento conforme todo o seu conteúdo ou que determinadas passagens do regulamento sejam anuladas como antilegais. A solicitação deve expor em seus pormenores as objeções que falam contra a conformidade à lei do regulamento. Se uma tal solicitação é apresentada por uma pessoa que afirma estar violada em seus direitos imediatamente pela antilegalidade do regulamento, então também deve ser demonstrado até que ponto o regulamento tornou-se eficaz para ela sem pronunciamento de uma decisão judicial ou sem expedição de uma notificação.

(2) De um tribunal (um tribunal administrativo independente, a secretaria de adjudicação federal) pode a solicitação por anulação de um regulamento ou de determinadas passagens de um tal somente então ser apresentada, se o regulamento deve, pelo tribunal (tribunal administrativo independente, secretaria de adjudicação federal) no assunto judicial pendente, ser aplicado imediatamente ou se a conformidade à lei do regulamento é uma questão prejudicial para a decisão do assunto judicial pendente no tribunal (tribunal administrativo independente, secretaria de adjudicação federal).

(3) Se um tribunal (um tribunal administrativo independente, a secretaria de adjudicação federal) apresentou uma solicitação por anulação de um regulamento ou de determinadas passagens de um tal, então devem, nessa matéria, até a proclamação ou comunicação da decisão do tribunal constitucional, ser efetuadas tais atuações ou tomadas decisões e disposições que não possam ser influenciadas pela decisão do tribunal constitucional ou que não regulem a questão definitivamente e não permitam nenhuma suspensão.

(4) Se o tribunal (o tribunal administrativo independente, a secretaria de adjudicação federal) não mais precisa aplicar o regulamento, cuja revisão foi solicitada, então a solicitação deve ser retirada sem demora.

§ 58. (1) O presidente ordena sem mora a negociação. Para essa devem ser convidados o solicitador, a autoridade administrativa, que expediu o regulamento, e a autoridade administrativa da federação ou do estado suprema competente, que é chamada à representação do regulamento impugnado. Se a solicitação foi apresentada por um tribunal (um tribunal administrativo independente, pela secretaria de adjudicação federal), então também deve ser convidada a parte participante na matéria.

(2) A autoridade administrativa que expediu o regulamento e as autoridades administrativas da federação ou do estado supremas, que são chamadas à representação do regulamento impugnado, devem, dentro de duas semanas após a recepção do convite, fazer uma manifestação escrita sobre o objeto.

§ 59. (1) A decisão do tribunal constitucional deve ser pronunciada quanto antes dentro de um mês após a chegada da solicitação.

(2) Se o regulamento é reconhecido como antilegal, então a decisão deve declarar se todo o conteúdo do regulamento ou se determinadas passagens são antilegais.

§ 60. (1) A decisão do tribunal constitucional deve ser comunicada sem demora ao solicitador. Se a solicitação foi apresentada por um tribunal (um tribunal administrativo independente, a secretaria de adjudicação federal), então deve o procedimento por esse de imediato ser continuado. Na decisão do assunto judicial pendente o tribunal (o tribunal administrativo independente, a secretaria de adjudicação federal) está vinculado à concepção jurídica que o tribunal constitucional declarou na decisão sobre a conformidade à lei do regulamento.

(2) A decisão do tribunal constitucional também deve ser comunicada à autoridade que expediu o regulamento. Se ela diz a anulação de um regulamento, então deve, na publicação, a ser expedida segundo o artigo 139, alínea 5, da lei constitucional-federal, ser expresso que o regulamento foi anulado pela decisão

do tribunal constitucional, a ser rigorosamente designada.

§ 61. Essas determinações são aplicáveis conforme o sentido, quando o tribunal constitucional tem de julgar de ofício sobre a antilegalidade de um regulamento (artigo 139, alínea 1, da lei constitucional-federal).

§ 61a. Se o procedimento de exame de regulamento foi aberto por solicitação de uma pessoa, que afirma estar violada em seus direitos imediatamente pela antilegalidade do regulamento, então devem, no caso de vitória, ser a ela ressarcidos os custos processuais nascidos pelo titular jurídico para o qual a autoridade atuou na expedição do regulamento.

F. No exame da conformidade à lei de publicações de repromulgação de uma lei (tratado estatal)
(artigo 139a da lei constitucional-federal)

61b. No exame da conformidade à lei de publicações de repromulgação de uma lei (tratado estatal), as determinações do título E devem ser aplicadas conforme o sentido.

G. No exame da conformidade à constituição de leis
(artigo 140 da lei constitucional-federal)

§ 62. (1) A solicitação de anular uma lei como anticonstitucional deve pedir que ou a lei conforme todo o seu conteúdo ou que determinadas passagens da lei sejam anuladas como anticontitucionais. A solicitação deve expor em seus pormenores as objeções que falam contra a conformidade à constituição da lei. Se uma tal solicitação é apresentada por uma pessoa, que afirma estar violada em seus direitos imediatamente pela anticonstitucionalidade da lei, então também deve ser demonstrado até que ponto a lei tornou-se eficaz para ela sem pronunciamento de uma decisão judicial ou sem expedição de uma notificação.

(2) Solicitações segundo a alínea 1, que são apresentadas por um terço dos membros do conselho nacional, do conselho federal ou de um parlamento estadual e não têm a assinatura de um advogado plenipotenciário, devem ser firmadas por todos os solicitadores. Os solicitadores devem indicar o nome de um ou mais plenipotenciários. Se de um tal não é indicado o nome expressamente, então o solicitador primeiro firmante vale como plenipotenciário.

(3) Se um tribunal (um tribunal administrativo independente, a secretaria de adjudicação federal) apresentou uma solicitação por anulação de uma lei ou de determinadas passagens de uma tal, então devem, nessa matéria, até a proclamação ou comunicação da decisão do tribunal constitucional, ser feitas somente tais atuações ou tomadas decisões e disposições que não possam ser influenciadas pela decisão do tribunal constitucional ou que não regulem a questão definitivamente e não permitam nenhuma suspensão.

(4) Se o tribunal (o tribunal administrativo independente, a secretaria de adjudicação federal) não precisa mais aplicar a lei, cuja revisão foi solicitada, então a solicitação deve ser retirada sem demora.

§ 63. (1) O presidente ordena sem mora a negociação. Para essa devem ser convidados o solicitador e o governo chamado para a representação da lei impugnada. Para a representação de uma lei federal impugnada é chamado o governo federal, de uma lei estadual impugnada, o governo estadual. Se a solicitação foi apresentada por um tribunal (por um tribunal administrativo independente, pela secretaria de adjudicação federal), então também devem ser convidadas as partes participantes na matéria.

(2) Simultaneamente com a fixação de um prazo para a negociação o governo chamado é requerido a apresentar uma manifestação escrita sobre o objeto ao tribunal constitucional em tempo tão oportuno que a manifestação exista, o mais tardar, uma semana antes da negociação, no tribunal.

(3) A decisão do tribunal constitucional deve ser pronunciada quanto antes dentro de um mês após a chegada da solicitação.

§ 64. (1) A decisão deve declarar se todo o conteúdo da lei ou determinadas passagens são anuladas como anticonstitucionais.

(2) Se a decisão do tribunal constitucional diz a anulação, então ela também deve ser comunicada ao chanceler federal ou ao governador competente. Na publicação, a ser expedida segundo o artigo 140, alínea 5, da lei constitucional-federal, deve ser expresso que a lei foi anulada pela decisão do tribunal constitucional, a ser rigorosamente designada.

§ 65. Essas determinações são aplicáveis conforme o sentido, quando o tribunal constitucional tem de decidir de ofício sobre a conformidade à constituição de uma lei (artigo 140, alínea 1, da lei constitucional-federal).

§ 65a. Se o procedimento de exame da lei foi aberto por solicitação de uma pessoa que afirma estar violada em seus direitos imediatamente pela anticonstitucionalidade da lei, então devem, no caso de vitória, ser a ela ressarcidos os custos processuais nascidos, no caso de uma lei federal, pela federação, no caso de uma lei estadual, pelo estado afetado.

Jurisdição Constitucional e Legislação Pertinente
no Direito Comparado

H. No exame da conformidade ao direito
de tratados estatais
(artigo 140a da lei constitucional-federal)

§ **66.** No exame da conformidade ao direito de tratados estatais devem, aos tratados estatais autorizados segundo o artigo 50, alínea 1, da lei constitucional-federal, e aos modificadores de lei ou complementadores de lei segundo o artigo 16, alínea 1, da lei constitucional-federal, as determinações do título G, a todos os outros tratados estatais, as determinações do título E, ser aplicadas conforme o sentido com as seguintes medidas:

1. para a negociação devem ser convidados o solicitador e a autoridade administrativa que concluiu o tratado estatal. Para a representação de um tratado estatal concluído pelo presidente federal é chamado o governo federal, se se trata, contudo, de um tratado estatal segundo o artigo 16, alínea 1, da lei constitucional-federal, o governo estadual. Se a solicitação foi apresentada por um tribunal (um tribunal administrativo independente, pela secretaria de adjudicação federal), então também devem ser convidadas as partes participantes na matéria;

2. a decisão deve declarar se todo o conteúdo do tratado estatal ou determinadas passagens não devem ser aplicadas por causa de antijuridicidade pelos órgãos chamados a sua efetivação;

3. a decisão do tribunal constitucional também deve ser comunicada àquela autoridade administrativa que concluiu o tratado estatal. Se o presidente federal concluiu o tratado estatal, então a decisão deve ser comunicada ao governo federal, se se trata, contudo, de um tratado estatal segundo o artigo 16, alínea 1, da lei constitucional-federal, ao governo estadual. Se a decisão concerne a um tratado estatal que foi concluído com a

autorização do conselho nacional, então ela deve, além disso, ser comunicada ao chanceler federal, se a decisão concerne a um tratado estatal que foi concluído com a autorização de um parlamento estadual, então ela deve, além disso, ser comunicada ao governador;

4. Se é comprovada na decisão do tribunal constitucional a antijuridicidade, então deve, na publicação, a ser expedida segundo o artigo 140a, da lei constitucional-federal, em conexão com o artigo 139, alínea 5, ou artigo 140, alínea 5, da lei constitucional-federal, ser expresso que o tratado estatal não deve ser aplicado segundo a decisão do tribunal constitucional, a ser rigorosamente designada, pelos órgãos chamados a sua efetivação e que a eficácia de uma decisão de autorização eventual, concernente a esse tratado estatal, ou uma ordenação eventual de cumprir o tratado estatal por regulamento, caducou.

I. Em impugnação de eleições, petições populares para plebiscito, consultas populares e plebiscitos assim como declaração de perda de mandato
(artigo 141 da lei constitucional-federal)

§ 67. (1) Impugnações da eleição do presidente federal, de eleições para os corpos representativos gerais, para o parlamento europeu, para um órgão dador de estatuto (corpo representativo) de uma representação profissional legal ou para um órgão de um município confiado com a efetivação (no que segue denominado conselho municipal) podem ser promovidas por causa de cada antijuridicidade do procedimento eleitoral afirmada.

(2) A impugnação da eleição para um governo estadual carece de uma solicitação de um décimo de todos os membros do parlamento estadual, pelo menos, porém, de dois membros, a impugnação da eleição para

um conselho municipal, da solicitação de um décimo dos membros da representação municipal, pelo menos, porém, de dois membros. Para a impugnação das restantes eleições mencionadas na alínea 1 têm o direito grupos eleitorais (partidos) que em uma autoridade eleitoral prescrita pela ordenação eleitoral apresentaram em tempo oportuno apresentação de candidatos para a eleição impugnada, e precisamente, por seu representante plenipotenciário para receber informações. Se a ordenação eleitorial não prevê tais declarações de apresentação de candidatos, então a autorização para a impugnação de eleições diante do tribunal constitucional orienta-se pelas determinações especiais de tais ordenações eleitorais. O candidato à eleição também pode apresentar uma impugnação de eleição, que afirma que a elegibilidade foi-lhe denegada antijuridicamente no procedimento eleitoral.

(3) Se a impugnação eleitoral basear-se na antijuridicidade de uma decisão e se de uma suspensão da execução da decisão, contra a qual a impugnação eleitoral foi promovida, não deve ser temida nenhuma desvantagem considerável, então pode o tribunal constitucional, por solicitação, declarar que à impugnação cabe efeito suspensivo. Se o tribunal constitucional não está reunido, então o presidente deve decidir por solicitação do encarregado.

§ 68. (1) A impugnação eleitoral deve estar apresentada dentro de quatro semanas após conclusão do procedimento eleitoral, mas se na lei eleitoral afetada está prevista uma via de recursos, dentro de quatro semanas após a comunicação da decisão promulgada na última instância. Ela deve estar comprovada com todos os recursos por ela chamados, a serem juntados em original ou duplicado.

(2) O tribunal constitucional deve enviar uma cópia da impugnação de eleição apresentada à autoridade eleitoral suprema, segundo a ordenação eleitoral que entra em consideração, com o pedido de apresentar os autos eleitorais dentro de um determinado prazo. Essa autoridade eleitoral tem a liberdade de fazer um contra-escrito, o mais tardar, na apresentação dos autos eleitorais.

§ 69. (1) Para o procedimento oral público diante do tribunal constitucional devem, afora a parte impugnante, ser convidados todos os grupos eleitorais (partidos) que participaram na candidatura à eleição impugnada ou os partidos que costumeiramente têm o direito de impugnação da eleição, segundo a ordenação eleitoral afetada. A autoridade designada no § 68, alínea 2, deve ser liberada do envio de um representante.

(2) Se a antijuridicidade do procedimento eleitoral, afirmada na impugnação de eleição, consiste nisto, que uma pessoa não-elegível foi declarada eleita ou a uma pessoa elegível foi denegada a elegibilidade injustificadamente, então também essa pessoa deve ser convidada.

§ 70. (1) Uma impugnação de eleição, apresentada segundo o § 67, o tribunal constitucional deve acolher se a antijuridicidade do procedimento eleitoral afirmada foi demonstrada e teve influência sobre o resultado eleitoral. Na decisão que acolheu a impugnação o tribunal constitucional deve ou anular todo o procedimento eleitoral ou partes do procedimento eleitoral, a ser por ele rigorosamente designadas.

(2) Se o tribunal constitucional acolhe uma impugnação eleitoral porque uma pessoa não-elegível foi declarada eleita, então ele deve declarar a eleição dessa pessoa nula. Nesse caso, são aplicáveis as determinações da ordenação eleitoral afetada, que se relacionam com o ficar livre de um mandato.

Jurisdição Constitucional e Legislação Pertinente
no Direito Comparado

(3) Se o tribunal constitucional acolhe uma impugnação eleitoral porque a uma pessoa elegível foi denegada a elegibilidade injustificadamente, então a decisão deve declarar se, por meio disso, a eleição de outras pessoas tornou-se nula e, nesse caso, anular a eleição desta pessoa. Se a eleição impugnada teve lugar com base em listas de partido declaradas, então a autoridade eleitoral competente deve retificar sua publicação do resultado da eleição.

(4) As autoridades eleitorais, que após o acolhimento da impugnação de eleição têm de tomar as outras disposições na matéria, estão vinculadas às comprovações reais e à concepção jurídica das quais o tribunal constitucional partiu em sua decisão.

(5) Nos casos das alíneas 1 até 3, a decisão do tribunal constitucional deve ser comunicada sem demora ao presidente do corpo representativo afetado (da própria representação profissional legal). Aquelas pessoas, cuja eleição, pela decisão, deve ser considerada declarada como anulada ou nula, não devem, do dia seguinte dessa comunicação, tomar parte da discussão do corpo representativo afetado e devem abster-se da condução dos negócios no governo estadual (no conselho municipal, na representação profissional legal). Se, contudo, com base na decisão suspensiva do tribunal constitucional é necessária a repetição, em parte ou completa, da eleição para um corpo representativo geral, para o parlamento europeu ou para um órgão dador de estatuto (corpo representativo) de uma representação profissional legal, então os membros afetados desses corpos representativos perdem o seu mandato somente na data da assunção dos mesmos pelos membros eleitos na eleição de repetição.

§ 71. (1) Os corpos representativos gerais podem a qualquer hora apresentar a solicitação no tribunal constitucional de declarar denegado a um membro do corpo representativo, por um fundamento previsto legalmente, seu mandato. Isso vale correspondentemente para as representações municipais perante os membros do conselho municipal no tocante a essa função e para os órgãos determinados para isso nas ordenações eleitorais das representações profissionais legais perante os órgãos dadores de estatuto (corpos representativos) de uma representação profissional legal. Se uma tal resolução é tomada por um desses corpos representativos, então deve o seu presidente, mas se se trata dele próprio, seu representante, apresentar a solicitação em nome do corpo representativo no tribunal constitucional.

(2) Se se produz a perda da elegibilidade por causa de condenação judicial-penal, o tribunal constitucional está vinculado à sentença penal com coisa julgada.

(3) Ao procedimento são aplicáveis conforme o sentido as determinações sobre impugnações de eleições. Para o procedimento oral público também deve ser convidada aquela pessoa, que deve ter declarado denegado seu mandato.

(4) As alíneas 1 até 3 devem ser aplicadas conforme o sentido, se a solicitação por perda de mandato é apresentada segundo os §§ 9 e 10 da lei de incompatibilidade de 1983, BGBl. Nr. 330.

§ 71a. (1) A impugnação da decisão de uma autoridade administrativa, com a qual é declarada a perda do mandato em um corpo representativo geral, da função em um conselho municipal ou em um órgão dador de estatuto (corpo representativo) de uma representação profissional legal, pode somente ser promovida após esgotamento da via de recurso dentro de um prazo de seis semanas após comunicação da decisão promulgada na última instância.

Jurisdição Constitucional e Legislação Pertinente
no Direito Comparado

(2) No procedimento diante do tribunal constitucional também o corpo representativo (a representação profissional legal) tem situação de parte.

(3) A impugnação tem efeito suspensivo.

(4) O tribunal constitucional deve acolher a impugnação e anular a decisão impugnada, se a antijuridicidade afirmada teve lugar.

(5) Ao procedimento devem, de resto, ser aplicados conforme o sentido os §§ 82, alíneas 2 e 3, 83, 84, alínea 1, 86 e 88. Para o procedimento oral público devem ser convidados o promotor da impugnação, assim como a autoridade.

J. Em acusações, com as quais é feito valer a responsabilidade conforme a constituição dos órgãos federais e estaduais supremos pelas violações jurídicas culposas resultantes de sua atividade do cargo
(artigo 142 e 143 da lei constitucional-federal)

§ 72. (1) As acusações decididas pela assembléia federal, pelo conselho nacional ou por um parlamento estadual são promovidas no tribunal constitucional por envio de um duplicado autenticado do protocolo sobre a sessão, na qual foi tomada a resolução de acusação.

(2) O corpo representativo afetado deve simultaneamente designar os membros que estão encarregados com a representação da acusação diante do tribunal constitucional.

(3) Na acusação segundo o artigo 142, alínea 2, letras e até h, da lei constitucional-federal, deve ser juntada à acusação apresentada pelo chanceler federal o duplicado autenticado das passagens do protocolo do conselho de ministros, das quais resulta a resolução do governo

federal por promoção da acusação. Isso vale conforme o sentido também para o caso da extensão posterior da acusação a um membro do governo estadual ocupado com assuntos da administração federal mediata, segundo o artigo 103, alínea 2, da lei constitucional-federal.

§ 73. Se uma acusação também é promovida segundo o artigo 143 da lei constitucional-federal, então devem, no escrito de acusação, ser citadas todas as atuações puníveis imputadas ao acusado segundo todas as suas características legais que condicionam a aplicação de uma determinada medida da pena, sua denominação legal e as passagens da lei penal, cuja aplicação é solicitada.

§ 74. (1) À ordenação do procedimento oral público deve preceder uma investigação preliminar.

(2) Conduz essa investigação preliminar um juiz de investigação designado pelo presidente dos membros do tribunal constitucional.

(3) Funcionários estão, em seu interrogatório pelo juiz de investigação e no procedimento oral público, desatados do dever para com o segredo profissional.

(4) A investigação deve ser realizada com aceleração quanto antes.

(5) A investigação preliminar deve ser suspensa se o corpo representativo, que promoveu a acusação, ou, em uma acusação segundo o artigo 142, alínea 2, letras e até h, da lei constitucional-federal, o governo federal resolveu a retirada da acusação. Sobre isso decide o tribunal constitucional em sessão não-pública.

§ 75. (1) Após investigação preliminar concluída, o juiz de investigação apresenta os autos ao presidente do tribunal constitucional, que deve ordenar o procedimento oral público.

Jurisdição Constitucional e Legislação Pertinente
no Direito Comparado

(2) O dia do procedimento oral público deve ser determinado de tal maneira que ao acusado, à medida que ele mesmo não pede uma abreviatura, permaneça para a preparação de sua defesa um prazo de, pelo menos, duas semanas.

(3) Para o procedimento oral público devem ser convidados tanto o acusado como o seu defensor, assim como os encarregados da representação da acusação.

§ 76. O juiz de investigação está excluído da cooperação no procedimento oral público.

§ 77. A publicidade do procedimento oral somente deve ser excluída por causa do perigo da segurança do estado.

§ 78. O procedimento oral público inicia com a leitura da acusação pelo secretário.

§ 79. (1) Se o acusado é condenado, o tribunal constitucional deve, em regra, também julgar sobre pretensões de ressarcimento que foram feitas valer.

(2) A sentença pode-se limitar a isto, de declarar a obrigação para a prestação de ressarcimento e reservar a comprovação da quantia à via jurídica ordinária.

§ 80. (1) A acusação deve ser promovida no tribunal constitucional dentro de um ano após o dia no qual a pessoa acusada saiu da atividade do cargo com a qual a acusação a ser promovida se relacionaria.

(2) No prazo de um ano não deve, nos casos do artigo 142, alínea 2, letras a até d, da lei constitucional-federal, o tempo, do dia no qual a solicitação por promoção da acusação foi apresentada no corpo representativo competente até a tomada de resolução definitiva sobre essa solicitação – contudo, no máximo, na duração de seis meses –, ser incluído no cálculo.

(3) O procedimento sobre uma acusação resolvida não é impedido pelo decurso do período de dação de lei do corpo representativo afetado e em uma acusação, segundo o artigo 142, alínea 2, letras e até h, da lei constitucional-federal, pela saída do governo federal do cargo.

§ 81. Para procedimentos sobre acusações promovidas segundo os artigos 142 e 143 da lei constitucional-federal vale, à medida que nesta lei não está adotada determinação desviante, conforme o sentido a ordenação processual penal.

K. Em recursos por causa de violação em direitos garantidos legal-constitucionalmente ou violação em direitos por causa da aplicação de um regulamento antilegal, de uma publicação antilegal de repromulgação de uma lei (tratado estatal), de uma lei anticonstitucional ou de um tratado estatal antijurídico
(artigo 144 da lei constitucional-federal)

§ 82. (1) O recurso, segundo o artigo 144, alínea 1, da lei constitucional-federal, contra uma decisão pode ser promovido somente após o esgotamento da via de recurso dentro de um prazo de seis semanas após a comunicação da decisão promulgada na última instância.

(2) O recurso deve conter:

1. a designação da decisão impugnada;

2. a designação da autoridade que expediu a decisão;

3. o fato;

4. a indicação, se o promovente do recurso afirma estar violado em um direito garantido legal-constitucionalmente pela decisão impugnada ou em seus direitos

por causa da aplicação de um regulamento antilegal, uma publicação antilegal de repromulgação de uma lei (tratado estatal), uma lei anticonstitucional ou um tratado estatal antijurídico, no último caso também a prescrição jurídica considerada antijurídica;

5. o pedir para anular a decisão impugnada;

6. as indicações que são necessárias para apreciar se o recurso está apresentado em tempo oportuno.

(3) A decisão impugnada deve ser juntada em original, cópia igual, duplicado ou cópia; o dia de sua comunicação deve ser indicado.

§ 83. (1) Uma cópia do recurso, juntamente com anexos, deve ser distribuída à autoridade, da qual procede a decisão impugnada, com a comunicação que ela tem a liberdade de, dentro de um prazo que, pelo menos, deve importar em três semanas, fazer um contra-escrito.

(2) Para a preparação da negociação pode à parte também ser liberada feitura de outras manifestações e contramanifestações, dentro de prazos a serem determinados.

(3) Uma prorrogação desses prazos pode ser concedida somente por fundamentos consideráveis; a aprovação da parte contrária para isso nem é necessária nem suficiente.

§ 84. (1) Após a chegada do contra-escrito e das outras manifestações, por exemplo, pedidas, ou após decurso dos prazos e se o tratamento do recurso não foi, segundo o § 19, alínea 3, número 1, recusado com resolução, que deve ser fundamentada com uma indicação concisa dos pontos de vista jurídicos para isso essenciais e comunicada ao promovente do recurso e à autoridade, o presidente do tribunal constitucional fixa em um prazo a negociação.

(2) Para essa negociação devem ser convidados o promovente do recurso, a autoridade (§ 83, alínea 1) e, por exemplo, participantes costumeiros.

§ 85. (1) O recurso não tem efeito suspensivo.

(2) O tribunal constitucional deve ao recurso, por solicitação do promovente do recurso, atribuir com resolução efeito suspensivo, à medida que a ele não se opõem interesses públicos coercitivos e após ponderação de todos os interesses tocados com a efetivação ou com o exercício da autorização, concedida com a decisão, por um terceiro, estivesse unida ao promovente do recurso uma desvantagem desproporcional. Se os pressupostos, que foram determinantes para a decisão sobre o efeito suspensivo do recurso, modificaram-se essencialmente, deve, por solicitação do promovente do recurso, da autoridade (§ 83, alínea 1) ou, por exemplo, de um participante costumeiro, ser decidido novamente.

(3) Resoluções segundo a alínea 2 devem ser comunicadas ao promovente do recurso, à autoridade (§ 83, alínea 1) e, por exemplo, participantes costumeiros. No caso da atribuição de efeito suspensivo a autoridade deve suspender a efetivação da decisão impugnada e para isso tomar as providências necessárias; o autorizado pela decisão impugnada não deve exercer a autorização.

(4) Se o tribunal constitucional não está reunido, então resoluções segundo a alínea 2 devem ser tomadas pelo presidente do tribunal constitucional por solicitação do encarregado.

§ 86. Se antes da conclusão da negociação sobre o recurso for produzida a prova que o promovente do recurso aparece satisfeito da demanda, então deve o tribunal constitucional, após acordo do promovente do recurso, declarar o recurso como tornado sem objeto e suspender o procedimento.

§ 87. (1) A decisão deve declarar se o promovente do recurso foi violado em um direito garantido legal-constitucionalmente pela decisão impugnada ou em seus direitos por causa da aplicação de um regulamento antilegal, de uma publicação antilegal de repromulgação de uma lei (tratado estatal), de uma lei anticonstitucional ou de um tratado estatal antijurídico e, no caso afirmativo, anular a decisão impugnada.

(2) Se o tribunal constitucional acolheu um recurso, então as autoridades administrativas estão obrigadas a produzir, no caso afetado, com os meios jurídicos que estão à sua disposição, sem demora, o estado jurídico correspondente à concepção jurídica do tribunal constitucional.

(3) Se o tribunal constitucional recusa o tratamento de um recurso ou se ele denega o recurso, então deve, se até então foi apresentada uma solicitação do promovente do recurso que aspira a isso, o tribunal constitucional, se essa solicitação é apresentada dentro de duas semanas após a comunicação da decisão do tribunal constitucional, o encarregado, declarar que o recurso é, segundo o artigo 144, alínea 3, da lei constitucional-federal, cedido ao tribunal administrativo. Uma tal pretensão não se deve realizar quando se trata de um caso que, segundo o artigo 133 da lei constitucional-federal, está excluído da competência do tribunal administrativo.

§ 88. À parte que sucumbe ou que satisfez da demanda o promovente do recurso pode, por solicitação, ser imposto o ressarcimento dos custos processuais. O mesmo vale conforme o sentido para o caso que o promovente do recurso retira o recurso antes do procedimento oral sem ter sido safisfeito da demanda.

L. Em divergências de opinião sobre a interpretação das determinações legais que regulam a competência da advocacia pública ou de uma advocacia pública estadual.
(artigo 148f e artigo 148i, alínea 2,
da lei constitucional-federal)

§ 89. (1) Em divergências de opinião entre a advocacia pública e o governo federal ou de um ministro federal sobre a interpretação das determinações legais que regulam a advocacia pública, pode o governo federal ou a advocacia pública apresentar a solicitação para decisão pelo tribunal constitucional.

(2) A solicitação deve ser apresentada dentro do prazo de quatro semanas. Esse prazo inicia para o governo federal com o expirar do dia no qual ele ganha oficialmente conhecimento disto, que a advocacia pública utiliza para si a sua competência para uma ação oficial empreendida ou por ela tencionada contra a objeção do governo federal ou do ministro federal competente e insiste na continuação da ação oficial iniciada ou na efetivação da tencionada; para a advocacia pública o prazo inicia com o expirar do dia no qual ela ganha oficialmente conhecimento da tomada de posição definitiva recusante do governo federal ou no qual ela é impedida na efetivação da ação oficial discutível com conhecimento do governo federal.

(3) O governo federal solicitante deve comunicar a solicitação de imediato à advocacia pública, a advocacia pública solicitante, ao governo federal.

§ 90. O chamamento do tribunal constitucional tem como conseqüência a prorrogação ou a interrupção da ação oficial da advocacia pública até a decisão pelo tribunal constitucional.

§ 91. Partes do procedimento são o governo federal e a advocacia pública.

§ 92. A decisão do tribunal constitucional deve ser pronunciada quanto antes dentro de seis meses após a chegada da solicitação e deve ser comunicada tanto ao governo federal como à advocacia pública.

§ 93. As determinações mencionadas devem ser aplicadas conforme o sentido para procedimento em divergências de opinião

1. entre a advocacia pública e um governo estadual ou um membro do governo estadual sobre a interpretação das determinações legais que regulam a competência da advocacia pública (artigo 148f da lei constitucional-federal);

2. entre uma advocacia pública estadual e o governo estadual ou um membro do governo estadual sobre a interpretação das determinações legais que regulam a competência da advocacia pública (artigo 148i, alínea 2, da lei constitucional-federal).

3. Parte
Determinações finais

§ 94. (1) O § 5h, na redação da lei federal BGBl. Nr. 334/1993, entra em vigor com o 1 de julho de 1993.

(2) O § 5e e § 5h, na redação da lei federal BGBl. Nr. 43/1995, entram em vigor com o 1 de janeiro de 1995.

(3) O § 5e, na redação da lei federal BGBl. Nr. 297/1995, entra em vigor com o 1 de maio de 1995.

(4) O § 5e, alínea 2, e § 5h, alínea 2, na redação da lei federal BGBl. Nr. 820/1995, entram em vigor com o 1 de janeiro de 1996.

(5) Na redação da lei federal BGBl. Nr. 201/1996 entram em vigor:

1. o § 5b, alínea 2, e § 5c, alínea 1, com o 1 de maio de 1996,

2. o § 5h com o 1 de junho de 1996.

(6) A membros do tribunal constitucional, cuja destituição do cargo foi aberta antes do 16 de fevereiro de 1996, deve ser aplicado o § 5b, alínea 2, na redação vigente até o decurso do 30 de abril de 1996.

(7) (Determinação constitucional) o § 5i, na redação da lei federal BGBl. Nr. 392/1996, entra em vigor com o 1 de agosto de 1996.

(8) O § 5c, alínea 2, e § 5h, número 2, na redação da lei federal BGBl. I Nr. 3/1997, entram em vigor com o 1 de janeiro de 1997.

(9) O § 4, alíneas 1, 3, 5 e 6, § 5b, alínea 2, § 5c, alínea 1, § 5d, § 5e e § 5h, na redação da lei federal BGBl. I Nr. 64/1997, e a anulação do § 5 pela lei federal BGBl. I Nr. 64/1997, entram em vigor com o 1 de agosto. À medida que pessoas, com o 1 de agosto de 1997, cumprem os pressupostos temporais para uma indenização pecuniária segundo o § 5, deve o § 5 ser aplicado mais além.

(10) (*Determinação constitucional*)[7] o § 5i, na redação da lei federal BGBl. I Nr. 64/1997, entra em vigor com o 1 de agosto de 1997.

(11) O § 17a e § 90, na redação da lei federal BGBl. I Nr. 88/1997, entram em vigor com o 1 de agosto de 1997.

(12) O § 5b, alínea 2, e § 5f, na redação da lei federal BGBl. I Nr. 86/2001, e a anulação do § 5d pela lei federal BGBl. I Nr. 86/2001, entram em vigor com o 1 de outubro de 2000.

(13) Entram em vigor:

1. o § 5h, na redação do artigo 65, número 4, letra a, da lei federal BGBl. I Nr. 142/2000 com o 1 de outubro de 2000.

2. o § 5e, § 5f, primeira proposição, e § 5g, na redação da lei federal BGBl. I Nr. 142/2000, e § 5h, na

---

[7] Em itálico no original.

Jurisdição Constitucional e Legislação Pertinente
no Direito Comparado

redação do artigo 65, número 4, letra b, da lei federal BGBl. I Nr. 142/2000, com o 1 de janeiro de 2001.

(14) O título e os §§ 17a, 28, alíneas 1 e 2, e 91, na redação da lei federal BGBl. I Nr. 136/2001, entram em vigor com o 1 de janeiro de 2002.

(15) O § 17, alínea 2, letra a, § 13, o título para os §§ 37 até 41, § 71, alínea 4, § 71a, alínea 5, § 72, alínea 3, § 74, alínea 5, § 80, alíneas 2 e 3, § 82, alínea 3, e § 90, na redação da lei federal BGBl. I Nr. 123/2002, entram em vigor com o 1 de outubro de 2002.

(16) O § 5b, alínea 2, e § 5h, número 2, na redação da lei federal BGBl. I Nr. 71/2003, entram em vigor com o 1 de janeiro de 2004.

(17) O título para a 1. parte (para a até agora primeira seção), § 5a, alínea 2, § 7, alínea 2, letra a, § 12, os títulos para a 2. parte (para a até agora segunda seção) e sua 1. parte principal (para os §§ 15 até 36), § 17, alínea 2, § 19, alínea 1 e alínea 4, número 3, § 22, § 24, alíneas 1 até 3, § 28, alínea 4, § 36, os títulos para a 2. parte principal (para os §§ 36a até 88) e para sua seção A, § 36c, alínea 2, § 36d, o título para a seção B, § 37, o título para a seção E, § 57, alíneas 2 até 4, § 58, alínea 1, § 60, alínea 1, a inserida nova seção F com título, o título para a seção G (para a até agora seção F), § 62, alíneas 3 e 4, § 63, alínea 1, o título para as seções I e J (para as até agora seções H e I), § 67, alínea 1, primeira proposição, § 70, alínea 5, última proposição, § 71a, alínea 1, o título para a seção K (para a até agora seção J), § 82, alíneas 1 e 2, § 85, alínea 3, § 87, alínea 1, a inserida nova seção L com título, o título para a 3. parte (para a até agora terceira seção), as designações dos parágrafos dos §§ 94 até 96 (os até agora §§ 89 até 91), assim como os outros títulos e determinações, na redação da lei federal BGBl. I Nr. 100/2003, entram em vigor com o 1 de janeiro de 2004. Simultaneamente fica sem vigor o § 36g.

§ 95. À medida que nas determinações precedentes nenhuma outra coisa está prevista, o presidente do tribunal constitucional está confiado com a efetivação desta lei federal.

§ 96. À medida que nesta lei federal é remetido a determinações de outras leis federais, devem estas ser aplicadas em sua redação, cada vez, vigente.

2. Lei sobre o Tribunal Constitucional Federal[1]

(Lei do Tribunal Constitucional Federal)

Primeira parte
Constituição e competência do tribunal constitucional federal

§ 1. [Posição e sede do tribunal]

(1) O tribunal constitucional federal é, perante todos os outros órgãos constitucionais, um tribunal da federação, autônomo e independente.

(2) Karlsruhe é a sede do tribunal constitucional federal.

(3) O tribunal constitucional federal dá-se um regulamento interno, que o pleno decide.

§ 2. [Senados]

(1) O tribunal constitucional federal compõe-se de dois senados.

(2) Em cada senado serão eleitos oito juízes.

---

[1] Na formulação do levar ao conhecimento de 11 de agosto de 1993 (BGBI. I S. 1473). Modificada por último pelo artigo 5, alínea 2, da lei de 15 de dezembro de 2004 (BGBI. I S. 3396). BGBI III/FNA 1104-1. A tradução tem por base essa última modificação.
Observação do tradutor: os títulos entre colchetes não são oficiais.

Jurisdição Constitucional e Legislação Pertinente
no Direito Comparado

(3) Três juízes de cada senado serão eleitos do número de juízes dos tribunais supremos da federação. Deverão ser eleitos somente juízes que, pelo menos, três anos estiveram ativos em um tribunal supremo da federação.

§ 3. [Qualificação para o cargo de juiz]

(1) Os juízes devem ter consumado 40 anos de vida, ser elegíveis para o parlamento federal e ter declarado, por escrito, estar dispostos a tornar-se membro do tribunal constitucional federal.

(2) Eles devem possuir a capacidade para o cargo de juiz segundo a lei dos juízes alemã.

(3) Não podem pertencer nem ao parlamento federal, ao conselho federal ou ao governo federal nem aos órgãos correspondentes de um estado. Com a sua nomeação eles se separam de tais órgãos.

(4) Com a atividade judicial uma outra atividade profissional que a de professor de direito em uma escola superior alemã é incompatível. A atividade de juiz do tribunal constitucional federal precede à atividade de professor de escola superior.

§ 4. [Período do cargo dos juízes]

(1) O período do cargo dos juízes dura doze anos, o mais tardar até o limite de idade.

(2) Uma reeleição, subseqüente ou posterior, dos juízes, está excluída.

(3) O limite de idade é o final do mês no qual o juiz consuma 68 anos de vida.

(4) Após o decurso do período do cargo, os juízes prosseguem seus assuntos do cargo até a nomeação do sucessor.

§ 5. [Órgãos eleitorais]

(1) Os juízes de cada senado são eleitos, metade pelo parlamento federal, metade pelo conselho federal. Dos juízes a serem chamados do número de juízes dos tribunais supremos da federação, são eleitos, para os senados, um por um órgão eleitoral, dois pelo outro, dos juízes restantes, três por um órgão eleitoral, dois pelo outro.

(2) Os juízes são eleitos não antes de três meses antes do decurso do período do cargo de seu antecessor ou, se o parlamento federal nesse período está dissolvido, dentro de um mês depois da primeira reunião do parlamento federal.

(3) Se um juiz cessa prematuramente, então o sucessor é eleito, dentro de um mês, pelo mesmo órgão federal que elegeu o juiz cessante.

§ 6. [Procedimento eleitoral no parlamento federal]

(1) Os juízes a serem chamados pelo parlamento federal são eleitos em eleição indireta.

(2) O parlamento federal elege, segundo as regras da eleição proporcional, uma comissão eleitoral para os juízes do tribunal constitucional federal, que se compõe de doze membros do parlamento federal. Cada fração pode apresentar uma proposta. Da soma dos votos dados para cada proposta é calculado, segundo o procedimento do número máximo (d'Hondt), o número dos elementos eleitos em cada proposta. Eleitos estão os membros na ordem de precedência na qual seu nome aparece na proposta. Se um membro da comissão eleitoral se separa ou se ele está impedido, então ele é substituído pelo próximo membro proposto na mesma lista.

(3) O membro mais idoso da comissão eleitoral chama os membros da comissão eleitoral, sem demora, sob a observância de um prazo de citação de uma

Jurisdição Constitucional e Legislação Pertinente
no Direito Comparado

semana, para a realização da eleição e dirige a sessão, que é continuada, até que todos os juízes são eleitos.

(4) Os membros da comissão eleitoral estão obrigados à discrição sobre as relações pessoais do candidato, que foram divulgadas a eles por sua atividade na comissão eleitoral, assim como sobre as discussões costumeiras sobre isso na comissão eleitoral e sobre a votação.

(5) Para juiz está eleito quem, pelo menos, reúne sobre si oito votos.

§ 7. [Procedimento eleitoral no conselho federal]

Os juízes a serem chamados pelo conselho federal são eleitos com dois terços dos votos do conselho federal.

§ 7a. [Procedimento eleitoral em casos particulares]

(1) Se não se realiza, dentro de dois meses após o decurso do período do cargo ou da cessação prematura de um juiz, a eleição de um sucessor, com base nas prescrições do § 6, então o membro mais idoso da comissão eleitoral deve, sem demora, requerer ao tribunal constitucional federal fazer propostas para a eleição.

(2) O pleno do tribunal constitucional federal decide, com maioria simples, quem será proposto como juiz para a eleição. Se somente um juiz deve ser eleito, então o tribunal constitucional federal deve propor três pessoas; se, simultaneamente, devem ser eleitos vários juízes, então o tribunal constitucional federal deve propor o dobro de pessoas que devem ser eleitas como juiz. O § 16, alínea 2, vale analogamente.

(3) Se o juiz deve ser eleito pelo conselho federal, então valem as alíneas 1 e 2, com a reserva de que no lugar do membro mais antigo da comissão eleitoral põe-se o presidente do conselho federal ou seu substituto.

(4) O direito do órgão eleitoral de eleger um não proposto pelo tribunal constitucional federal fica intato.

§ 8. [Listas de propostas]

(1) O ministério federal da justiça estabelece uma lista de todos os juízes federais que cumprem os pressupostos do § 3, alíneas 1 e 2.

(2) O ministério federal da justiça conduz uma outra lista, na qual devem ser incluídas todas as pessoas que são propostas por uma fração do parlamento federal, do governo federal ou de um governo estadual para o cargo de um juiz no tribunal constitucional federal e que cumprem os pressupostos do § 3, alíneas 1 e 2.

(3) As listas devem ser continuamente complementadas e o mais tardar uma semana antes de uma eleição devem ser enviadas aos presidentes do parlamento federal e do conselho federal.

§ 9. [Eleição do presidente e de seu substituto]

(1) Parlamento federal e conselho federal elegem, em alternância, o presidente do tribunal constitucional federal e o vice-presidente. O vice-presidente deve ser eleito daquele senado ao qual não pertence o presidente.

(2) Na primeira eleição o parlamento federal elege o presidente, o conselho federal, o vice-presidente.

(3) As prescrições dos §§ 6 e 7 valem analogamente.

§ 10. [Nomeação dos eleitos]

O presidente da república nomeia os eleitos.

§ 11. [Recepção de juramento dos juízes]

(1) Os juízes do tribunal constitucional federal prestam, na tomada de posse do seu cargo, diante do presidente federal, o juramento seguinte:

"Eu juro que eu, como juiz justo, sempre irei salvaguardar fielmente a lei fundamental da república federal da Alemanha e cumprirei meus deveres judiciais perante cada um conscienciosamente. Assim Deus me ajude".

Se o juramento for prestado por uma juíza, então no lugar das palavras "como juiz justo" põem-se as palavras "como juíza justa".

(2) Se o juiz professa-se por uma comunidade religiosa, a cujos membros a lei permite o emprego de uma outra fórmula de asseveração, então pode ele usar essa.

(3) O juramento também pode ser prestado sem fórmula de asseveração religiosa.

§ 12. [Direito de despedida a qualquer hora]

Os juízes do tribunal constitucional federal podem, a qualquer hora, solicitar sua despedida do cargo. O presidente federal deve declarar a despedida.

§ 13. [Competência do tribunal]

O tribunal constitucional federal decide

1. sobre a perda de direitos fundamentais (artigo 18 da lei fundamental);

2. sobre a anticonstitucionalidade de partidos (artigo 21, alínea 2, da lei fundamental);

3. sobre recursos contra decisões do parlamento federal que afetam a validade de uma eleição ou a aquisição ou a perda da qualidade de membro de um deputado no parlamento federal (artigo 41, alínea 2, da lei fundamental);

4. sobre acusações do parlamento federal ou do conselho federal contra o presidente federal (artigo 61 da lei fundamental);

5. sobre a interpretação da lei fundamental, por motivo de litígios sobre a extensão dos direitos e deveres de um órgão federal supremo ou de outros partici-

pantes que, pela lei fundamental ou no regulamento interno de um órgão federal supremo, são dotados com direitos próprios (artigo 93, alínea 1, número 1, da lei fundamental);

6. em divergência de opiniões ou dúvidas sobre a compatibilidade formal e material de direito federal ou direito estadual com a lei fundamental ou a compatibilidade de direito estadual com outro direito federal, por solicitação do governo federal, de um governo estadual ou de um terço dos membros do parlamento federal (artigo 93, alínea l, número 2, da lei fundamental);

6a. em divergência de opiniões, se uma lei corresponde aos pressupostos do artigo 72, alínea 2, da lei fundamental, por solicitação do conselho federal, de um governo estadual ou da representação popular de um estado (artigo 93, alínea 1, número 2a, da lei fundamental);

7. em divergência de opiniões sobre direitos e deveres da federação e dos estados, particularmente na execução de direito federal pelos estados e no exercício da inspeção federal (artigo 93, alínea 1, número 3, e artigo 84, alínea 4, proposição 2, da lei fundamental);

8. em outros litígios jurídico-públicos entre a federação e os estados, entre estados distintos ou no interior de um estado, à medida que uma outra via jurídica não está dada (artigo 93, alínea l, número 4, da lei fundamental);

8a. sobre recursos constitucionais (artigo 93, alínea 1, números 4a e 4b, da lei fundamental);

9. sobre acusações contra juízes, contra juízes federais e juízes estaduais (artigo 98, alíneas 2 e 5, da lei fundamental);

10. sobre litígios constitucionais no interior de um estado, quando essa decisão, por lei estadual, é destina-

da ao tribunal constitucional federal (artigo 99 da lei fundamental);

11. sobre a compatibilidade de uma lei federal ou de uma lei estadual com a lei fundamental ou a compatibilidade de uma lei estadual ou outro direito estadual com uma lei federal, por solicitação de um tribunal (artigo 100, alínea 1, da lei fundamental);

11a. sobre a compatibilidade de uma decisão do parlamento federal alemão sobre a instituição de uma comissão de investigação com a lei fundamental, por apresentação segundo o § 36, alínea 2, da lei de comissão de investigação;

12. em dúvidas sobre isto, se uma regra de direito internacional público é componente do direito federal e se ela cria imediatamente direitos e deveres para o particular, por solicitação do tribunal (artigo 100, alínea 2, da lei fundamental);

13. quando o tribunal constitucional de um estado, na interpretação da lei fundamental, quer desviar-se de uma decisão do tribunal constitucional federal ou do tribunal constitucional de um outro estado, por solicitação daquele tribunal constitucional (artigo 100, alínea 3, da lei fundamental);

14. em divergência de opiniões sobre o continuar vigendo de direito como direito federal (artigo 126 da lei fundamental);

15. nos casos a ele destinados, mais além, por meio de lei federal (artigo 93, alínea 2, da lei fundamental).

§ 14. [Competência dos senados]

(1) O primeiro senado do tribunal constitucional federal é competente para procedimentos de controle normativo (§ 13, números 6 e 11), nos quais é feito valer preponderantemente a incompatibilidade de uma prescrição com direitos fundamentais ou direitos dos artigos

33, 101, 103 e 104 da lei fundamental, assim como para recursos constitucionais, com exceção dos recursos constitucionais segundo o § 91 e dos recursos constitucionais do âmbito do direito eleitoral. O mesmo vale, quando um governo estadual, juntamente com uma solicitação de controle normativo (§ 13, número 6) segundo a proposição 1, apresenta uma solicitação segundo o § 13, número 6a.

(2) O segundo senado do tribunal constitucional federal é competente nos casos do § 13, números 1 até 5, 6a até 9, 12 e 14 e, ademais, para procedimentos de controle normativo e recursos constitucionais, que não são destinados ao primeiro senado.

(3) Nos casos do § 13, números 10 e 13, determina-se a competência dos senados segundo a regra das alíneas 1 e 2.

(4) O pleno do tribunal constitucional federal pode, com efeito do início do próximo ano econômico, regular a competência dos senados desviante das alíneas 1 até 3, se isso, por causa de uma sobrecarga não só temporária de um senado, tornou-se incontestável. Essa regulamentação vale também para procedimentos pendentes, nos quais ainda não teve lugar um procedimento oral ou discussão da decisão. A resolução dar-se-á a conhecer no diário oficial da federação. [2]

---

[2] Para isso, resolução do pleno do tribunal constitucional federal, de 15 de novembro de 1993 (BGBI. I S. 2492), segundo o § 14, alínea 4, desta lei (BGBI. I 1993 S. 1473):
"A
Com efeito de 1 de janeiro de 1994 é, desviante do § 14, alíneas 1 até 3, da lei sobre o tribunal constitucional federal, o segundo senado do tribunal constitucional federal também competente:
I. para procedimentos do controle normativo (§ 13, número 6 e número 11, da lei sobre o tribunal constitucional federal) e recursos constitucionais dos âmbitos do direito
1. do direito de asilo;
2. da lei dos estrangeiros e do auxílio jurídico internacional em matéria penal;
3. do direito de nacionalidade;

Jurisdição Constitucional e Legislação Pertinente
no Direito Comparado

(5) Se é duvidoso qual senado é competente para um procedimento, então decide sobre isso uma comissão, que se compõe do presidente, do vice-presidente e quatro juízes, dos quais dois de cada senado são chamados para a duração do ano econômico. Em igualdade de votos, o voto do presidente decide.

§ 15. [Presidência e quórum]

(1) O presidente do tribunal constitucional federal e o vice-presidente conduzem a presidência em seu senado. Eles são representados pelo juiz mais antigo e, em igual antigüidade, pelo juiz mais idoso presente do senado.

---

4. do serviço público e das relações de serviço para com sociedades religiosas, cujo direito é reproduzido segundo o direito do serviço público, inclusive do respectivo direito disciplinar;

5. do serviço militar e do serviço substitutivo, inclusive do direito disciplinar relativo a esse âmbito;

6. do direito penal e do direito do procedimento penal, com exceção de procedimentos nos quais preponderam questões de interpretação e aplicação do artigo 5 ou do artigo 8 da lei fundamental;

7. da efetivação de prisão para investigação e prisão para pena e de medidas, que retiram a liberdade, de asseguramento e melhoramento, assim como da ordenação e da efetivação de outras retiradas de liberdade;

8. do procedimento de multa;

9. do direito do imposto de renda, inclusive do direito do imposto eclesiástico;

II. 1. de resto, para procedimentos do controle normativo e recursos constitucionais

a) nos quais a interpretação e a aplicação de direito internacional público ou do direito europeu primário são de significado considerável;

b) nos quais outras questões como tais de interpretação e aplicação dos artigos 1 até 17, 19, 101 e 103, alínea 1, da lei fundamental (também em união com o princípio do estado de direito) preponderam;

2. mais além, para recursos constitucionais do âmbito da jurisdição civil (com exceção do direito de família e do direito de herança), de promoventes do recurso com as letras iniciais L-Z, nos quais preponderam questões de uma violação dos direitos do artigo 101, alínea 1, ou artigo 103, alínea 1, da lei fundamental."

"**B**.

Para procedimentos que se tornam pendentes até 31 de dezembro de 1993 permanece na competência do senado até agora."

(2) Cada senado tem quórum quando, pelo menos, seis juízes estão presentes. Se um senado, em um procedimento de particular imperiosidade, não tem quórum, o presidente ordena um procedimento de sorteio, pelo qual juízes do outro senado são designados como representantes até o número mínimo ser obtido. Os presidentes dos senados não podem ser designados como representantes. Os detalhes regula o regimento interno.

(3) Após o início da discussão de uma matéria, outros juízes não podem associar-se. Se o senado fica sem quórum deve a discussão, após o seu complemento, ser iniciada de novo.

(4) No procedimento segundo o § 13, números 1, 2, 4 e 9, é necessário, para uma decisão desvantajosa ao oponente, em cada caso, uma maioria de dois terços dos membros do senado. De resto, decide a maioria dos membros do senado cooperadores na decisão, à medida que a lei não determina outra coisa. No caso de igualdade de votos, não pode ser comprovada uma violação da lei fundamental ou de outro direito federal.

§ 15a. [Chamamento de câmaras; distribuição das solicitações segundo o § 80 e recursos constitucionais]

(1) Os senados chamam, para a duração de um ano econômico, várias câmaras. Cada câmara compõe-se de três juízes. A composição de uma câmara não deve permanecer imodificada mais do que três anos.

(2) O senado decide, antes do início de um ano econômico, para a sua duração, a distribuição das solicitações, segundo o § 80, e dos recursos constitucionais, segundo os §§ 90 e 91, aos relatores, o número e a composição das câmaras, assim como sobre a representação dos seus membros.

§ 16. [Decisões do plenário]

(1) Se um senado quer, em uma questão jurídica, desviar de uma concepção jurídica contida em uma decisão do outro senado, então decide sobre isso o pleno do tribunal constitucional federal.

(2) Ele tem quórum se, de cada senado, dois terços de seus juízes estão presentes.

Segunda Parte
Procedimento judicial-constitucional

Primeiro título
Prescrições de procedimento gerais

§ 17. [Aplicação de prescrições da lei de organização dos tribunais]

À medida que nesta lei nada mais está determinado, devem, com respeito à publicidade, à polícia das sessões, à linguagem forense, à discussão e votação, ser aplicadas correspondentemente as prescrições dos títulos 14 até 16 da lei de organização dos tribunais.

§ 17a. [Registro em som e em filme]

(1) Desviante do § 169, proposição 2, da lei de organização dos tribunais, são admissíveis registros em som e registros em televisão e em radiodifusão, assim como registros em som e em filme para a finalidade da apresentação pública ou da publicação de seu conteúdo

1. no procedimento oral, até o tribunal ter comprovado a presença dos participantes,

2. na proclamação pública de decisões.

(2) Para a salvaguarda de interesses, dignos de proteção, dos participantes ou de terceiros, assim como de um decurso do procedimento de acordo com a ordem, pode o tribunal constitucional federal excluir,

completamente ou em parte, os registros, segundo a alínea 1, ou sua transferência ou torná-los dependentes da observância de obrigações.

§ 18. [Exclusão de um juiz]

(1) Um juiz do tribunal constitucional federal está excluído do exercício de seu cargo de juiz, quando ele

1. toma parte na matéria ou, com um participante, é ou foi casado, conduz ou conduziu uma parceria de vida, em linha reta é parente ou afim ou em linha colateral é parente até o terceiro grau ou afim até o segundo grau, ou;

2. já foi ativo na mesma matéria por causa do cargo ou da profissão.

(2) Não é participante quem, com base em seu estado familiar, sua profissão, sua descendência, sua pertinência a um partido político ou de um ponto de vista geral semelhante está interessado no final do procedimento.

(3) Como atividade no sentido da alínea l, número 2, não vale

1. a cooperação no procedimento de dação de leis,

2. a manifestação de uma opinião científica a uma questão jurídica que pode ser importante para o procedimento.

§ 19. [Recusa de um juiz por causa do temor da parcialidade]

(1) Se um juiz do tribunal constitucional federal é recusado por causa do temor da parcialidade, então, decide o tribunal sob exclusão do recusado; em igualdade de votos, o voto do presidente decide.

(2) A recusa deve ser fundamentada. O recusado tem de manifestar-se sobre isso. A recusa é não-observável se ela não for declarada, o mais tardar, no início do procedimento oral.

Jurisdição Constitucional e Legislação Pertinente
no Direito Comparado

(3) Se um juiz, que não está recusado, mesmo se qualifica de parcial, então vale a alínea 1 analogamente.

(4) Se o tribunal constitucional federal qualificou a recusa ou a auto-recusa de um juiz fundamentada, é designado, por sorteio, um juiz do outro senado como representante. Os presidentes dos senados não podem ser designados como representantes. Os detalhes regula o regulamento interno.

§ 20. [Vista dos autos]

Os participantes têm o direito à vista dos autos.

§ 21. [Salvaguarda de audiências judiciais por encarregado de grupos de pessoas]

Se o procedimento é solicitado por um grupo de pessoas ou contra um grupo de pessoas, pode o tribunal constitucional federal ordenar que ele deixe salvaguardar seus direitos, particularmente o direito à presença na audiência judicial, por um encarregado ou mais.

§ 22. [Representação processual]

(1) As partes podem, em cada situação do procedimento, deixar-se representar por um advogado admitido em um tribunal alemão ou por um professor de direito de uma escola superior alemã; no procedimento oral perante o tribunal constitucional federal elas precisam deixar-se representar desse modo. Entidades dadoras de leis e partes delas que, na constituição ou no regulamento interno, estão dotadas com direitos próprios, podem-se deixar representar também por seus membros. A federação, os estados e seus órgãos constitucionais podem, além disso, deixar-se representar por seus funcionários, à medida que eles possuem a capacidade para o cargo de juiz ou, com base nos exames estatais prescritos, tenham adquirido a capacidade para o serviço administrativo superior. O tribunal constitu-

cional federal também pode admitir uma outra pessoa como assistente de um participante.

(2) A procuração deve ser dada por escrito. Ela deve dizer respeito expressamente ao procedimento.

(3) Se um procurador está designado, então todas as comunicações do tribunal devem ser a ele dirigidas.

§ 23. [Abertura do procedimento]

(1) Solicitações que abrem o procedimento devem ser apresentadas por escrito no tribunal constitucional federal. Elas devem ser fundamentadas; os meios de prova necessários devem ser indicados.

(2) O presidente ou, quando uma decisão segundo o § 93c entra em consideração, o relator, comunica sem demora a solicitação ao oponente, aos demais partici-pantes, assim como a terceiros, aos quais, segundo o § 27a, é dado oportunidade para tomada de posição, com a requisição de, dentro de um prazo a ser determinado, manifestarem-se sobre isso.

(3) O presidente ou o relator pode encarregar cada participante de, dentro de um prazo a ser determinado, entregar mais tarde o número necessário de cópias de suas alegações escritas e das decisões atacadas para o tribunal e para os demais participantes.

§ 24. [Denegação a limine]

Solicitações inadmissíveis ou manifestamente in-fundadas podem, por resolução unânime do tribunal, ser rejeitadas. A resolução não carece de outra funda-mentação se do oponente, antes, foi chamada a atenção sobre as objeções contra a admissibilidade ou fundabili-dade de sua solicitação.

§ 25. [Princípios do procedimento oral; sentença, resolução]

(1) O tribunal constitucional federal decide, à medi-da que nada mais está determinado, com base no proce-

dimento oral, a não ser que todos os participantes expressamente a ele renunciem.

(2) A decisão com base no procedimento oral é pronunciada como sentença, a decisão sem procedimento oral, como resolução.

(3) Decisões parciais e decisões interlocutórias são admissíveis.

(4) As decisões do tribunal constitucional federal são pronunciadas em "nome do povo".

§ 25a. [Protocolo, registro em fita magnética]

Sobre o procedimento oral é conduzido um protocolo. Mais além, ele é conservado em um registro em fita magnética; os detalhes regula o regulamento interno.

§ 26. [Prática da prova]

(1) O tribunal constitucional federal pratica a prova necessária para a investigação da verdade. Ele pode, com isso, fora do procedimento oral, encarregar um membro do tribunal ou, com limitação a determinados fatos e pessoas, solicitar a um outro tribunal por isso.

(2) Com base em uma resolução com uma maioria de dois terços dos votos do tribunal pode a consulta a documentos particulares não ser realizada se o seu emprego é incompatível com a segurança estatal.

§ 27. [Auxílio jurídico e administrativo]

Todos os tribunais e autoridades administrativas prestam ao tribunal constitucional federal auxílio jurídico e administrativo. Se o tribunal constitucional federal exige autos de um procedimento inicial, esses são apresentados a ele imediatamente.

§ 27a. [Tomada de posição de terceiros]

O tribunal constitucional federal pode dar a terceiros com conhecimento especializado a oportunidade para tomada de posição.

§ 28. [Testemunhas e peritos]

(1) Para o interrogatório de testemunhas e peritos valem, nos casos do § 13, números 1, 2, 4 e 9, as prescrições do código de processo penal, nos demais casos, as prescrições do código de processo civil, analogamente.

(2) À medida que uma testemunha ou perito pode ser interrogado somente com a autorização de um posto superior, essa autorização somente pode ser denegada se isso requer o bem-estar da federação ou de um estado. A testemunha ou o perito não se pode apoiar no seu dever de silêncio se o tribunal constitucional federal, com uma maioria de dois terços dos votos, declara infundada a denegação da autorização de declaração.

§ 29. [Audiência judicial da prova]

Os participantes são informados de todas as audiências judiciais da prova e podem assistir ao registro da prova. Eles podem dirigir perguntas às testemunhas e aos peritos. Se uma pergunta é objetada, então decide o tribunal.

§ 30. [Forma da proclamação e decisão]

(1) O tribunal constitucional federal decide em discussão secreta, segundo a sua livre convicção tirada do conteúdo da negociação e do resultado do registro da prova. A decisão deve ser composta por escrito, fundamentada e assinada pelos juízes que cooperaram nela. Ela deve, a seguir, se um procedimento oral teve lugar, ser proclamada publicamente sob a comunicação dos fundamentos da decisão essenciais. A audiência judicial para a proclamação de uma decisão pode ser dada a conhecer no procedimento oral ou determinada após a conclusão das discussões; neste caso, ela deve ser comunicada sem demora aos participantes. Entre a conclusão do procedimento oral e a proclamação da decisão não

devem estar situados mais de três meses. A audiência judicial pode ser adiada por resolução do tribunal constitucional federal.

(2) Um juiz pode expor a sua opinião desviante, sustentada na discussão, para com a decisão ou para com a sua fundamentação, em um voto especial; [3] o voto especial deve ser associado à decisão. Os senados podem comunicar, em suas decisões, a relação de votos. Os detalhes regula o regulamento interno.

(3) Todas as decisões devem ser dadas a conhecer aos participantes.

§ 31. [Vinculatividade das decisões]

(1) As decisões do tribunal constitucional federal vinculam os órgãos constitucionais da federação e dos estados, assim como todos os tribunais e autoridades.

(2) Nos casos do § 13, números 6, 6a, 11, 12 e 14, a decisão do tribunal constitucional federal tem força de lei. Isso vale também nos casos do § 13, número 8a, quando o tribunal constitucional federal declara uma lei

---

[3] Para isso, o regulamento interno do tribunal constitucional federal de 15.12.1986 (BGBI. I S. 2529), modificado por resolução de 11.7.1989 (BGBI. I S. 1571), resolução de 18.12.1995 (BGBI. I 1996 S. 474) e resolução de 7.1.2002 (BGBI. I S. 1171):

"Título 7. Para o procedimento na entrega de um voto especial segundo o § 30, alínea 2, da lei do tribunal constitucional federal § 56 (1) O voto especial, no qual um juiz expõe sua opinião desviante, sustentada na discussão, para com a decisão ou para com a sua fundamentação, deve existir, dentro de três semanas após a confecção da decisão, ao presidente do senado. O senado pode prorrogar esse prazo.

(2) Quem tenciona dar um voto especial deve comunicar isso ao senado assim que a situação das discussões o permitir.

(3) Se o voto especial é dado para uma sentença, então o presidente dá a conhecer isso na proclamação. Em seguimento a isso, pode o juiz comunicar o conteúdo essencial de seu voto especial.

(4) O voto especial é levado ao conhecimento juntamente com a decisão.

(5) O voto especial deve ser publicado na colecionação das decisões do tribunal constitucional federal, em seguimento à decisão, com o nome do juiz.

(6) Para votos especiais a decisões do pleno valem analogamente as determinações precedentes."

compatível ou incompatível com a lei fundamental, ou nula. À medida que uma lei é declarada compatível ou incompatível com a lei fundamental ou com outro direito federal, ou nula, o dispositivo da decisão deve ser publicado no diário oficial da federação pelo ministério federal da justiça. Análogo vale para o dispositivo da decisão nos casos do § 13, números 12 e 14.

§ 32. [Ordenação cautelar]

(1) O tribunal constitucional federal pode, no caso litigioso, regular provisoriamente, por ordenação cautelar, uma situação, quando isso é ordenado urgentemente para o rechaço de graves desvantagens, para o impedimento de força iminente ou, de um outro fundamento importante, para o bem-estar comum.

(2) A ordenação cautelar pode ser promulgada sem procedimento oral. Em imperiosidade particular, pode o tribunal constitucional federal prescindir disto, de dar aos participantes no procedimento para com o assunto principal, aos autorizados à adesão ou aos autorizados à manifestação oportunidade para a tomada de posição.

(3) Se a ordenação cautelar é promulgada ou recusada por resolução, então pode ser promovida oposição. Isso não vale para o promovente do recurso no procedimento do recurso constitucional. Sobre a oposição decide o tribunal constitucional federal após procedimento oral. Esse deve ter lugar dentro de duas semanas após a chegada da fundamentação da oposição.

(4) A oposição contra a ordenação cautelar não tem efeito suspensivo. O tribunal constitucional federal pode suspender a efetivação da ordenação cautelar.

(5) O tribunal constitucional federal pode dar a conhecer sem fundamentação a decisão sobre a ordenação cautelar ou sobre a oposição. Nesse caso, deve a fundamentação ser enviada separadamente aos participantes.

Jurisdição Constitucional e Legislação Pertinente
no Direito Comparado

(6) A ordenação cautelar fica sem vigor após seis meses. Ela pode ser repetida com uma maioria de dois terços dos votos.

(7) Se um senado não tem quórum, então pode a ordenação cautelar, em imperiosidade particular, ser promulgada quando, pelo menos, três juízes estão presentes e a resolução é tomada unanimemente. Ela fica sem vigor após um mês. Se ela é certificada pelo senado, então ela fica sem vigor seis meses após a sua promulgação.

§ 33. [Suspensão do procedimento]

(1) O tribunal constitucional federal pode suspender seu procedimento até a resolução de um procedimento pendente em um outro tribunal se, para a sua decisão, as comprovações ou a decisão desse outro tribunal podem ter importância.

(2) O tribunal constitucional federal pode tomar por base, para a sua decisão, as comprovações fáticas de uma sentença com coisa julgada, que foi pronunciada em um procedimento, no qual a verdade deve ser investigada de ofício.

§ 34. [Custas e taxas]

(1) O procedimento do tribunal constitucional federal é gratuito.

(2) O tribunal constitucional federal pode impor uma taxa de até 2.600 Euro se a promoção do recurso constitucional ou do recurso, segundo o artigo 41, alínea 2, da lei fundamental, apresenta um abuso, ou quando a solicitação de promulgação de uma ordenação cautelar (§ 32) é apresentada abusivamente.

(3) Para a cobrança da taxa vale o § 59, alínea 1, da ordenação orçamentária federal, analogamente.

§ **34a.** [Reembolso dos gastos]

(1) Se a solicitação da perda de direitos fundamentais (§ 13, número 1), a acusação contra o presidente federal (§ 13, número 4) ou um juiz (§ 13, número 9) mostra-se infundada, então devem ser ressarcidos ao oponente ou ao acusado os gastos necessários, inclusive as custas da defesa.

(2) Se um recurso constitucional mostra-se fundamentado, então devem ser reembolsados ao promovente do recurso, completamente ou em parte, os gastos necessários.

(3) Nos demais casos o tribunal constitucional federal pode ordenar, plenamente ou em parte, o reembolso dos gastos.

§ **35.** [Regulação da execução]

O tribunal constitucional federal pode, em sua decisão, determinar quem a executa; ele pode também, no caso particular, regular o modo da execução.

Segundo título

Vista dos autos fora do procedimento

§ **35a.** [Dados relacionados à pessoa]

Se solicitações, apresentadas fora do procedimento, de informação dos ou de vista nos autos do tribunal constitucional federal concernem a dados relacionados à pessoa, então valem as prescrições da lei de proteção de dados federal, à medida que as determinações que seguem não adotam uma regulação desviante.

§ **35b.** [Informação e vista dos autos]

(1) Informação dos ou vista nos autos do tribunal constitucional federal pode ser concedida

1. a postos oficiais, à medida que isso é necessário para finalidades da administração da justiça ou existem

os pressupostos mencionados no § 14, alínea 2, números 4, 6 até 9, da lei de proteção de dados federal,

2. a pessoas privadas e outros postos não-públicos, à medida que eles apresentam para isso um interesse legítimo; informação e vista dos autos devem ser recusadas quando o afetado tem um interesse digno de proteção na recusa. O § 16, alínea 3, da lei de proteção de dados federal não encontra aplicação; a dação da informação e a concessão da vista dos autos devem ser sinaladas nos autos. Informação ou vista dos autos também pode ser concedida, à medida que o afetado consentiu.

(2) Vista dos autos somente pode ser concedida quando, sob indicação de fundamentos, é exposto, que a dação de uma informação não iria bastar para o cumprimento das tarefas do posto público que pede a vista dos autos (alínea 1, número 1) ou para a salvaguarda do interesse legítimo da pessoa privada que pede a vista dos autos, ou a dação de uma informação iria requerer um gasto desproporcional.

(3) De autos consultados, que não são componentes dos autos, somente podem ser dadas informações se o solicitador prova a aprovação do posto, de cujos autos trata-se; o mesmo vale para a vista dos autos.

(4) Os autos do tribunal constitucional federal não são enviados. A postos públicos eles podem ser enviados, quando a eles, segundo a alínea 2, pode ser concedida vista dos autos, ou quando a uma pessoa privada, com base em circunstâncias particulares, lá deve ser concedida vista dos autos.

§ 35c. [Aproveitamento de dados pelo tribunal constitucional federal]

O tribunal constitucional federal pode utilizar dados relacionados à pessoa, que chegaram aos autos em um procedimento judicial-constitucional, para um outro procedimento judicial-constitucional.

Terceira parte
Tipos de procedimento particulares
Primeiro título
Procedimento nos casos do § 13, número 1
[Perda de direitos fundamentais]

§ 36. [Autorizado à solicitação]

A solicitação de decisão segundo o artigo 18, proposição 2, da lei fundamental, pode ser apresentada pelo parlamento federal, pelo governo federal ou por um governo estadual.

§ 37. [Procedimento preparatório]

O tribunal constitucional federal dá ao oponente oportunidade para manifestação dentro de um prazo a ser determinado e decide, então, se a solicitação deve ser recusada como inadmissível ou como não suficientemente fundamentada, ou se a negociação deve ser realizada.

§ 38. [Seqüestro e buscas]

(1) Após a chegada da solicitação, o tribunal constitucional federal pode ordenar um seqüestro ou busca, segundo as prescrições do código de processo penal.

(2) O tribunal constitucional federal pode, para a preparação do procedimento oral, ordenar uma investigação preparatória. A realização dessa investigação preparatória deve ser transferida a um juiz do senado não-competente para a decisão do assunto principal.

§ 39. [Decisão sobre a perda de direitos fundamentais]

(1) Se a solicitação mostra-se fundamentada, então o tribunal constitucional federal comprova quais direitos fundamentais o oponente perdeu. Ele pode aprazar a perda a um determinado espaço de tempo, pelo menos, a um ano. Ele pode impor ao oponente também limitações

designadas rigorosamente segundo tipo e duração, à medida que elas não prejudicam outros direitos fundamentais que os perdidos. Sob esse aspecto, as autoridades administrativas, para o intervir contra o oponente, não carecem de outro fundamento legal.

(2) O tribunal constitucional federal pode privar o oponente, com o tempo da perda dos direitos fundamentais, do direito eleitoral, da elegibilidade e da capacidade para o desempenho de cargos públicos e em pessoas jurídicas, ordenar a sua dissolução.

§ 40. [Anulação da perda]

Se a perda temporalmente não está aprazada ou declarada para um espaço de tempo mais do que um ano, então pode o tribunal constitucional federal, se desde a declaração da perda tiverem decorrido dois anos, por solicitação do solicitador ou oponente antigo, anular a perda completamente ou em parte, ou abreviar a duração da perda. A solicitação pode ser repetida se desde a última decisão do tribunal constitucional federal tiver passado um ano.

§ 41. [Repetição de uma solicitação]

Se o tribunal constitucional federal decidiu objetivamente sobre uma solicitação, então ela pode somente ser repetida contra o mesmo oponente se ela está apoiada em novos fatos.

§ 42. (Deixou de existir)

Segundo título

Procedimento nos casos do § 13, número 2
[Proibição de partido político]

§ 43. [Autorizado à solicitação]

(1) A solicitação da decisão, se um partido é anticonstitucional (artigo 21, alínea 2, da lei fundamental)

pode ser apresentada pelo parlamento federal, conselho federal ou pelo governo federal.

(2) Um governo estadual pode apresentar a solicitação somente contra um partido, cuja organização limita-se à área de seu estado.

§ 44. [Representação do partido]

A representação do partido determina-se segundo as prescrições legais, auxiliadoramente segundo o seu estatuto. Se os autorizados à representação não são comprováveis ou não existem ou se eles mudaram após a chegada da solicitação no tribunal constitucional federal, então valem como autorizados à representação aquelas pessoas que realmente por último conduziram os negócios do partido durante a atividade que motivou a solicitação.

§ 45. [Procedimento preparatório]

O tribunal constitucional federal dá aos autorizados à representação (§ 44) oportunidade para a manifestação dentro de um prazo a ser determinado e decide, então, se a solicitação deve ser recusada como inadmissível ou como não suficientemente fundamentada, ou se a negociação deve ser realizada.

§ 46. [Decisão sobre a anticonstitucionalidade de um partido político]

(1) Se a solicitação mostra-se fundamentada, então o tribunal constitucional federal comprova que o partido político é anticonstitucional.

(2) Essa comprovação pode ser limitada a uma parte jurídica ou organizacionalmente independente do partido.

(3) Com a comprovação deve ser unida a dissolução do partido ou da parte independente do partido e a proibição de criar uma organização de substituição. O

tribunal constitucional federal pode, nesse caso, além disso, declarar o retirar do patrimônio do partido ou da parte independente do partido, em favor da federação ou do estado, para finalidades de utilidade pública.

§ 47. [Seqüestro e buscas]

As prescrições dos §§ 38 e 41 valem analogamente.

Terceiro título
Procedimento nos casos do § 13, número 3
[Exame de eleições]

§ 48. [Recurso em decisão de exame de eleição]

(1) O recurso contra a decisão do parlamento federal sobre a validade de uma eleição ou a perda da qualidade de membro no parlamento federal pode o deputado, cuja qualidade de membro está impugnada, uma pessoa com direito a votar, cuja objeção foi rejeitada pelo parlamento federal, se a ela aderem, pelo menos, cem pessoas com direito a votar, uma fração ou uma minoria do parlamento federal que abrange, pelo menos, um décimo do número de membros legal, dentro de um prazo de dois meses desde a tomada da decisão do parlamento federal, promover no tribunal constitucional federal; o recurso deve ser fundamentado dentro desse prazo.

(2) As pessoas com direito a votar, que aderem a uma pessoa com direito a votar como promovente do recurso, devem assinar pessoalmente e por escrito essa declaração; ao lado da assinatura devem ser indicados o nome de família, o prenome, o dia de nascimento e endereço (habitação principal) do signatário.

(3) O tribunal constitucional federal pode abstrair de um procedimento oral quando dele não deve ser esperado nenhum outro fomento do procedimento.

Quarto título

Procedimento nos casos do § 13, número 4
[Acusação contra presidente]

§ 49. [Escrito de acusação]

(1) A acusação contra o presidente federal, por causa de violação dolosa da lei fundamental ou de outra lei federal, é promovida por apresentação de um escrito de acusação no tribunal constitucional federal.

(2) Com base na decisão de uma das duas entidades dadoras de leis (artigo 61, alínea l, da lei fundamental), o seu presidente produz o escrito de acusação e envia-o, dentro de um mês, ao tribunal constitucional federal.

(3) O escrito de acusação deve designar a atuação ou omissão por causa da qual a acusação é promovida, o meio de prova e a determinação da constituição ou da lei que deve estar violada. Ele deve conter a comprovação, que a decisão para a promoção da acusação foi tomada com a maioria de dois terços do número de membros legal do parlamento federal ou com dois terços dos votos do conselho federal.

§ 50. [Prazo para a promoção da acusação]

A acusação pode ser promovida somente dentro de três meses depois de o fato, que está na sua base, ter sido divulgado à entidade autorizada à solicitação.

§ 51. [Realização do procedimento]

A abertura e realização do procedimento não é tocada pela demissão do presidente federal, pela sua cessão do cargo ou pela dissolução do parlamento federal ou pelo decurso de seu período eleitoral.

§ 52. [Retratação da acusação]

(1) A acusação pode, até a proclamação da sentença, com base em uma decisão da entidade solicitante, ser

retratada. A decisão carece da aprovação da maioria do número de membros legal do parlamento federal ou da maioria dos votos do conselho federal.

(2) A acusação é retratada pelo presidente da entidade solicitante por envio de uma cópia da decisão ao tribunal constitucional federal.

(3) A retratação da acusação torna-se ineficaz se o presidente federal a contradiz dentro de um mês.

§ 53. [Ordenações cautelares]

O tribunal constitucional federal pode, após a promoção da acusação, determinar, por ordenação cautelar, que o presidente federal está impedido no exercício do seu cargo.

§ 54. [Investigação preparatória]

(1) O tribunal constitucional federal pode, para a preparação do procedimento oral, ordenar uma investigação preparatória; ele deve ordená-la se o representante da acusação ou o presidente federal a solicita.

(2) A realização da investigação preparatória deve ser transferida a um juiz do senado não-competente para a decisão no assunto principal.

§ 55. [Procedimento oral]

(1) O tribunal constitucional federal decide com base no procedimento oral.

(2) Para a negociação deve o presidente federal ser convidado. Nisso, deve ser chamada a atenção dele sobre isto, que será negociado sem ele se ele falta indesculpavelmente ou se afasta prematuramente sem fundamento suficiente.

(3) Na negociação, o encarregado da entidade solicitante, primeiro, expõe a acusação.

(4) A seguir, o presidente federal recebe a oportunidade de declarar-se sobre a acusação.

(5) A isso, tem lugar a prática da prova.

(6) Por fim, será ouvido o representante da acusação, com a sua solicitação, e o presidente federal, com a sua defesa. Ele tem a última palavra.

§ 56. [Sentença]

(1) O tribunal constitucional federal comprova, na sentença, se o presidente federal é culpado de uma violação dolosa da lei fundamental ou de uma lei federal, a ser designada rigorosamente.

(2) Em caso de condenação pode o tribunal constitucional federal qualificar ao presidente federal o seu cargo como perdido. Com a proclamação da sentença produz-se a perda do cargo.

§ 57. [Cópias da sentença]

Uma cópia da sentença com os fundamentos deve ser enviada ao parlamento federal, ao conselho federal e ao governo federal.

Quinto título

Procedimento nos casos do § 13, número 9
[Acusação contra juiz]

§ 58. [Acusação contra juiz]

(1) Se o parlamento federal apresenta, contra um juiz federal, uma solicitação segundo o artigo 98, alínea 2, da lei fundamental, então as prescrições dos §§ 49 até o 55, com exceção do § 49, alínea 3, proposição 2, dos §§ 50 e 52, alínea 1, proposição 2, devem ser aplicadas correspondentemente.

(2) Se o juiz federal é censurado por uma infração no cargo, então o parlamento federal não decide antes da conclusão com coisa julgada do procedimento judicial, ou, se antes, por causa da mesma infração, foi

aberto um procedimento disciplinar formal, não antes da abertura desse procedimento. Após o decurso de seis meses, desde a conclusão com coisa julgada do procedimento judicial, no qual o juiz federal deve ter-se feito culpado da infração, a solicitação não é mais admissível.

(3) Abstraindo dos casos da alínea 2, uma solicitação segundo a alínea 1 não é mais admissível se desde a infração decorreram dois anos.

(4) A solicitação será representada diante do tribunal constitucional federal por um encarregado do parlamento federal.

§ 59. [Sentença]

(1) O tribunal constitucional federal sentencia a uma das medidas previstas no artigo 98, alínea 2, da lei fundamental, ou à absolvição.

(2) Se o tribunal constitucional federal sentencia à despedida, então a perda do cargo produz-se com a proclamação da sentença.

(3) Se se sentenciar à transferência a um outro cargo ou à aposentadoria, então a efetivação cabe ao posto competente para a despedida do juiz federal.

(4) Uma cópia da sentença com fundamentos deve ser enviada ao presidente federal, ao parlamento federal e ao governo federal.

§ 60. [Suspensão de um procedimento disciplinar]

Enquanto um procedimento está pendente no tribunal constitucional federal é suspenso o procedimento pendente em um tribunal disciplinar por causa do mesmo fato. Se o tribunal constitucional federal sentencia à despedida do cargo ou à transferência a um outro cargo ou à aposentadoria, então o procedimento disciplinar é suspenso; no outro caso, ele é continuado.

§ 61. [Revisão do procedimento]

(1) A revisão do procedimento tem lugar somente em favor do condenado e somente por sua solicitação ou, após a sua morte, por solicitação de seu cônjuge, parceiro de vida ou de um de seus descendentes, sob os pressupostos dos §§ 359 e 364 do código de processo penal. Nessa solicitação devem ser indicados o fundamento legal da revisão, assim como os meios de prova. Pela solicitação de revisão a eficácia da sentença não é inibida.

(2) Sobre a admissão da solicitação decide o tribunal constitucional federal sem procedimento oral. As prescrições dos §§ 368, 369, alíneas 1, 2 e 4, e dos §§ 370 e 371, alíneas 1 a 3, do código de processo penal, valem analogamente.

(3) Na negociação principal renovada deve ou a antiga sentença ser mantida ou sentenciado a uma medida mais atenuada ou à absolvição.

§ 62. [Procedimento contra juízes estaduais]

À medida que, segundo o artigo 98, alínea 5, proposição 2, da lei fundamental, direito constitucional estadual que continua vigendo não determina nada desviador, valem também as prescrições deste título, quando a lei de um estado adota, para juízes estaduais, uma regulação correspondente ao artigo 98, alínea 2, da lei fundamental.

Sexto título

Procedimento nos casos do § 13, número 5
[Litígios entre órgãos]

§ 63. [Solicitador e oponente]

Solicitador e oponente somente podem ser: o presidente federal, o parlamento federal, o conselho federal, o governo federal e as partes desses órgãos dotadas com direitos próprios na lei fundamental ou nos regulamentos internos do parlamento federal e do conselho federal.

§ 64. [Admissibilidade da solicitação]

(1) A solicitação somente é admissível se o proponente faz valer que ele ou o órgão, ao qual ele pertence, está violado ou posto em perigo imediatamente em seus direitos e deveres, transferidos a ele pela lei fundamental, por uma medida ou omissão do oponente.

(2) Na solicitação deve ser designada a prescrição da lei fundamental que é infringida pela medida ou omissão objetada do oponente.

(3) A solicitação deve ser apresentada dentro de seis meses depois que a medida ou omissão objetada foi divulgada ao solicitador.

(4) À medida que o prazo, na entrada em vigor desta lei, está expirado, pode a solicitação ainda ser apresentada dentro de três meses após a entrada em vigor.

§ 65. [Adesão ao procedimento]

(1) Ao solicitador e ao oponente podem aderir, em cada situação do procedimento, outros autorizados à solicitação, mencionados no § 63, se a decisão também tem importância para a delimitação de suas competências.

(2) O tribunal constitucional federal participa ao presidente federal, ao parlamento federal, ao conselho federal e ao governo federal a abertura do procedimento.

§ 66. [União e separação de procedimentos]

O tribunal constitucional federal pode unir procedimentos pendentes e separar unidos.

§ 66a. [Lei de comissão de investigação]

No procedimento segundo o § 13, número 5, em união com o § 2, alínea 3, da lei de comissão de investigação, assim como no procedimento segundo o § 18, alínea 3, da lei de comissão de investigação, também em união com os §§ 19 e 23, alínea 2, da lei de comissão de investigação, pode o tribunal constitucional federal decidir sem procedimento oral.

§ 67. [Decisão]

O tribunal constitucional federal comprova em sua decisão se a medida ou omissão objetada do oponente infringe uma determinação da lei fundamental. Essa determinação deve ser designada. O tribunal constitucional federal pode, no dispositivo da decisão, decidir simultaneamente uma questão jurídica relevante para a interpretação da determinação da lei fundamental, da qual depende a comprovação segundo a proposição l.

Sétimo título

Procedimento nos casos do § 13, número 7
[Litígios entre federação e estados]

§ 68. [Solicitador e oponente]

Solicitador e oponente somente podem ser:

para a federação, o governo federal,

para um estado, o governo estadual.

§ 69. [Remissão a litígios entre órgãos]

As prescrições dos §§ 64 até 67 valem analogamente.

§ 70. [Prazo de impugnação]

A decisão do conselho federal, segundo o artigo 84, alínea 4, proposição 1, da lei fundamental, pode ser impugnada somente dentro de um mês após a tomada da decisão.

Oitavo título

Procedimento nos casos do § 13, número 8
[Litígios jurídico-públicos de tipo
não-jurídico-constitucional
entre federação e estados]

§ 71. [Solicitador e oponente]

(1) Solicitador e oponente somente podem ser:

1. em litígios jurídico-públicos, segundo o artigo 93, alínea l, número 4, da lei fundamental, entre a federação e os estados:

o governo federal e os governos estaduais;

2. em litígios jurídico-públicos, segundo o artigo 93, alínea l, número 4, da lei fundamental, entre os estados:

os governos estaduais;

3. em litígios jurídico-públicos, segundo o artigo 93, alínea l, número 4, da lei fundamental, no interior de um estado:

os órgãos supremos do estado e as partes desses órgãos, dotadas com direitos próprios na constituição estadual ou no regulamento interno de um órgão supremo do estado, quando elas são tocadas imediatamente pelo objeto do litígio em seus direitos ou competências.

(2) A prescrição do § 64, alínea 3, vale analogamente.

§ 72. [Decisão]

(1) O tribunal constitucional federal pode, em sua decisão, sentenciar:

1. à admissibilidade ou inadmissibilidade de uma medida;

2. ao dever do oponente de omitir, desfazer, realizar ou tolerar uma medida;

3. ao dever de produzir uma prestação.

(2) No procedimento segundo o § 71, alínea 1, número 3, o tribunal constitucional federal comprova se

a medida ou omissão objetada do oponente infringe uma determinação da constituição estadual. As prescrições do § 67, proposições 2 e 3, valem analogamente.

Nono título

Procedimento nos casos do § 13, número 10
[Litígios constitucionais no interior de um estado]

§ 73. [Participantes]

(1) Em um litígio constitucional no interior de um estado podem tomar parte somente os órgãos supremos desse estado e as partes desses órgãos, dotadas com direitos próprios na constituição estadual ou no regulamento interno de um órgão supremo do estado.

(2) A prescrição do § 64, alínea 3, vale analogamente, contanto que o direito estadual nada mais determina.

§ 74. [Decisão]

Se o direito estadual não determina qual conteúdo e qual efeito a decisão do tribunal constitucional federal pode ter, então o § 72, alínea 2, vale analogamente.

§ 75. [Procedimento]

Para o procedimento valem analogamente as prescrições gerais da IIª parte desta lei.

Décimo título

Procedimento nos casos do § 13, números 6 e 6a
[Controle normativo abstraio]

§ 76. [Admissibilidade da solicitação]

(1) A solicitação do governo federal, de um governo estadual ou de um terço dos membros do parlamento federal, segundo o artigo 93, alínea 1, número 2, da lei

fundamental, somente é admissível quando, direito federal ou estadual, o solicitador:

1. por causa de sua incompatibilidade formal ou material com a lei fundamental ou com outro direito federal considera nulo ou

2. considera válido, depois que um tribunal, uma autoridade administrativa ou um órgão da federação ou de um estado, como incompatível com a lei fundamental ou com outro direito federal, não o aplicou.

(2) A solicitação do conselho federal, de um governo estadual ou da representação popular de um estado, segundo o artigo 93, alínea 1, número 2a, da lei fundamental, somente é admissível, quando o solicitador considera uma lei federal, por causa do não-cumprimento dos pressupostos do artigo 72, alínea 2, da lei fundamental, nula; a solicitação pode também ser apoiada nisto, que o solicitador considera nula a lei federal por causa do não-cumprimento dos pressupostos do artigo 75, alínea 2, da lei fundamental.

§ 77. [Órgãos federais ou estaduais autorizados à manifestação]

O tribunal constitucional federal dá:

1. nos casos do § 76, alínea 1, ao parlamento federal, ao conselho federal ao governo federal, em divergência de opiniões sobre a validade de direito federal, também aos governos estaduais e, em divergência de opiniões sobre a validade de uma norma jurídico-estadual, à representação popular e ao governo do estado, no qual a norma foi proclamada,

2. nos casos do § 76, alínea 2, ao parlamento federal, ao conselho federal, ao governo federal, assim como às representações populares e aos governos dos estados dentro de um prazo a ser determinado, oportunidade para a manifestação.

§ 78. [Declaração de nulidade de leis]

Se o tribunal constitucional federal chega à convicção, que direito federal é incompatível com a lei fundamental ou direito estadual, com a lei fundamental ou com outro direito federal, então ele declara essa lei nula. São outras determinações da mesma lei, pelos mesmos fundamentos, incompatíveis com a lei fundamental ou com outro direito federal, então pode o tribunal constitucional federal declará-las nulas.

§ 79. [Efeito da decisão]

(1) Contra uma sentença penal com coisa julgada, que se baseia em uma norma declarada incompatível com a lei fundamental ou, segundo o § 78, nula, ou na interpretação de uma norma que foi declarada incompatível com a lei fundamental pelo tribunal constitucional federal, é admissível a revisão do procedimento, segundo as prescrições do código de processo penal.

(2) De resto, permanecem, salvo a prescrição do § 95, alínea 2, ou uma regulação legal particular, intatas as decisões não mais impugnáveis, que se baseiam em uma norma declarada nula, segundo o § 78. A execução de uma tal decisão é inadmissível. À medida que a execução coercitiva, segundo as prescrições do código de processo civil, deve ser realizada, vale analogamente a prescrição do § 767 do código de processo civil. Pretensões de enriquecimento injustificado estão excluídas.

Décimo primeiro título

Procedimento nos casos do § 13, números 11 e 11a
[Controle normativo concreto]

§ 80. [Apresentação — resolução]
(1) Se estão dados os pressupostos do artigo 100, alínea 1, da lei fundamental, então os tribunais pedem imediatamente a decisão ao tribunal constitucional federal.

(2) A fundamentação deve indicar até que ponto a decisão do tribunal é dependente da validade da prescrição jurídica e com qual norma jurídica superior ela é incompatível. Os autos devem ser juntados.

(3) A solicitação do tribunal é independente da admoestação de nulidade da prescrição jurídica por um participante do processo.

§ 81. [Decisão sobre a questão jurídica]

O tribunal constitucional federal decide somente sobre a questão jurídica.

§ 81a. [Inadmissibilidade da solicitação]

A câmara pode, por resolução unânime, comprovar a inadmissibilidade de uma solicitação, segundo o § 80. A decisão permanece reservada ao senado quando a solicitação é apresentada por um tribunal constitucional estadual ou por um tribunal supremo da federação.

§ 82. [Autorizados à adesão e à manifestação]

(1) As prescrições dos §§ 77 até 79 valem analogamente.

(2) Os órgãos constitucionais mencionados no § 77 podem aderir em cada situação do procedimento.

(3) O tribunal constitucional federal dá também aos participantes do procedimento diante do tribunal, que apresentou a solicitação, oportunidade para a manifestação; ele convida-os para o procedimento oral e dá a palavra aos representantes processuais presentes.

(4) O tribunal constitucional federal pode solicitar aos tribunais supremos da federação ou aos tribunais estaduais supremos a comunicação, como e com base em quais considerações eles interpretaram a lei fundamental até agora na questão litigiosa, se e como eles aplicaram a prescrição jurídica litigiosa em sua validade em sua jurisprudência e quais questões jurídicas, conexas com isso, pendem em decisão. Ele pode solicitar a eles,

ademais, apresentar suas considerações para com uma questão jurídica relevante para a decisão. O tribunal constitucional federal participa aos autorizados a manifestação da tomada de posição.

§ 82a. [Comissão de investigação]

(1) Os §§ 80 até 82, salvo as alíneas 2 e 3, valem conforme o sentido para a revisão da compatibilidade de uma decisão do parlamento federal alemão, sobre a instituição de uma comissão de investigação, com a lei fundamental, por apresentação segundo o § 36, alínea 2, da lei de comissão de investigação.

(2) Autorizados à manifestação são o parlamento federal e a minoria qualificada, segundo o artigo 44, alínea 1, da lei fundamental, sobre cuja solicitação baseia-se a decisão de instituição. Ademais, pode o tribunal constitucional federal dar ao governo federal, ao conselho federal, aos governos estaduais, às minorias qualificadas, segundo o § 18, alínea 3, da lei de comissão de investigação, e a pessoas, oportunidade para a manifestação, à medida que eles estão tocados pela decisão de instituição.

(3) O tribunal constitucional federal pode decidir sem procedimento oral.

Décimo segundo título

Procedimento nos casos do § 13, número 12
[Controle de direito internacional público]

§ 83. [Decisão; adesão do parlamento federal, do conselho federal, do governo federal ao procedimento]

(1) O tribunal constitucional federal, nos casos do artigo 100, alínea 2, da lei fundamental, comprova, em sua decisão, se a regra de direito internacional público é componente do direito federal e se ela cria direitos e deveres imediatos ao particular.

(2) O tribunal constitucional federal deve, antes, ao parlamento federal, ao conselho federal e ao governo federal dar a oportunidade para a manifestação, dentro de um prazo a ser determinado. Eles podem aderir em cada situação do procedimento.

§ 84. As prescrições dos §§ 80 e 82, alínea 3, valem analogamente.

Décimo terceiro título

Procedimento nos casos do § 13, número 13
[Decisão de apresentação de um tribunal constitucional estadual]

§ 85. [Procedimento; decisão]

(1) Se a decisão ao tribunal constitucional federal, segundo o artigo 100, alínea 3, proposição 1, da lei fundamental, deve ser pedida, então o tribunal constitucional do estado apresenta, sob apresentação de sua concepção jurídica, os autos.

(2) O tribunal constitucional federal dá ao conselho federal, ao governo federal e, quando ele quer desviar-se de uma decisão do tribunal constitucional de um estado, a esse tribunal, oportunidade para a manifestação, dentro de um prazo a ser determinado.

(3) O tribunal constitucional federal decide somente sobre a questão jurídica.

Décimo quarto título

Procedimento nos casos do § 13 número 14
[Continuidade da vigência de direito como direito federal]

§ 86. [Autorizados à solicitação]

---

106   *Luís Afonso Heck*

(1) Autorizados à solicitação são o parlamento federal, o conselho federal, o governo federal e os governos estaduais.

(2) Quando em um procedimento judicial é litigioso e considerável se uma lei continua vigendo como direito federal, então o tribunal, em aplicação conforme o sentido do § 80, deve pedir a decisão ao tribunal constitucional federal.

§ 87. [Admissibilidade da solicitação]

(1) A solicitação do conselho federal, do governo federal ou de um governo estadual somente é admissível quando da decisão depende a admissibilidade de uma medida, já efetivada ou imediatamente iminente, de um órgão federal, de uma autoridade federal, do órgão ou da autoridade de um estado.

(2) Da fundamentação da solicitação deve resultar a existência do pressuposto designado na alínea l.

§ 88. A prescrição do § 82 vale analogamente.

§ 89. [Decisão]

O tribunal constitucional federal declara se a lei continua vigendo como direito federal, completamente ou em parte, em todo o território federal ou em uma determinada parte do território federal.

Décimo quinto título

Procedimento nos casos do § 13, número 8a
[Recurso constitucional]

§ 90. [Legitimação ativa]

(1) Cada um pode, com a afirmação de estar violado pelo poder público, em um dos seus direitos fundamentais ou em um dos seus direitos contidos no artigo 20, alínea 4, artigo 33, 38, 101, 103 e 104, da lei fundamental,

promover o recurso constitucional no tribunal constitucional federal.

(2) Se contra a violação é admissível a via jurídica, então o recurso constitucional somente após o esgotamento da via jurídica pode ser promovido. O tribunal constitucional federal pode, contudo, decidir de imediato um recurso constitucional promovido antes do esgotamento da via jurídica, quando ele tem importância geral ou quando ao promovente do recurso nasceria uma desvantagem grave e inevitável, caso ele fosse remetido primeiro à via jurídica.

(3) O direito de promover um recurso constitucional no tribunal constitucional estadual, segundo o direito da constituição estadual, permanece intato.

§ 91. [Legitimação ativa dos municípios]

Municípios e grêmios de municípios podem promover o recurso constitucional com a afirmação que uma lei da federação ou do estado viola a prescrição do artigo 28 da lei fundamental. O recurso constitucional no tribunal constitucional federal está excluído, à medida que um recurso, por causa da violação do direito à auto-administração, segundo o direito do estado, pode ser promovido no tribunal constitucional estadual.

§ 91a. (Deixou de existir)

§ 92. [Fundamentação do recurso]

Na fundamentação do recurso devem ser designados o direito, que deve estar violado, e a atuação ou omissão do órgão ou da autoridade, pela qual o promovente do recurso sente-se violado.

§ 93. [Prazo de promoção; reposição na situação anterior]

(1) O recurso constitucional deve ser promovido e fundamentado dentro de um mês. O prazo inicia com a

notificação ou comunicação, sem forma, da decisão, composta em forma completa, quando ela, segundo as prescrições jurídico-procedimentais determinantes, deve ser feita de ofício. Em outros casos o prazo inicia com a proclamação da decisão ou, quando ela não deve ser proclamada, com a sua outra dação de conhecimento ao promovente do recurso; se, nisso, não é dada ao promovente do recurso uma cópia da decisão em forma completa, então o prazo da primeira proposição é interrompido pelo fato de o promovente do recurso solicitar, por escrito ou no protocolo da secretaria, a dação de uma decisão composta em forma completa. A interrupção continua até a decisão em forma completa ser dada ao promovente do recurso pelo tribunal ou lhe for notificada, de ofício, ou por um dos participantes no procedimento.

(2) Se um promovente do recurso estava impedido, sem culpa, de observar esse prazo, deve a ele, por solicitação, ser concedida a reposição na situação anterior. A solicitação deve ser apresentada dentro de duas semanas após o desaparecimento do obstáculo. Os fatos para a fundamentação da solicitação devem ser tornados convincentes na apresentação da solicitação ou no procedimento sobre a solicitação. Dentro do prazo da solicitação deve ser reparada atuação jurídica perdida; se isso ocorreu, pode a reposição também sem solicitação ser concedida. Após um ano, desde o fim do prazo perdido, a solicitação é inadmissível. A culpa do procurador equipara-se à culpa de um promovente do recurso.

(3) Se o recurso constitucional dirige-se contra uma lei ou contra um outro ato de soberania, contra o qual não está aberta uma via jurídica, então o recurso constitucional somente dentro de um ano, desde a entrada em vigor da lei ou da promulgação do ato de soberania, pode ser promovido.

Jurisdição Constitucional e Legislação Pertinente
no Direito Comparado

(4) Se uma lei entrou em vigor antes de 1 de abril de 1951, então pode o recurso constitucional ser promovido até 1 de abril de 1952.

§ 93a. [Pressupostos de aceitação]

(1) O recurso constitucional carece da aceitação para a decisão.

(2) Ele deve ser aceito para a decisão,

a) à medida que lhe cabe significado jurídico-constitucional fundamental;

b) se está indicada a imposição dos direitos mencionados no § 90, alínea 1; isso também pode ser o caso, quando ao promovente do recurso, pela recusação da decisão do fundo, nascer uma desvantagem particularmente grave.

§ 93b. [Aceitação e recusa]

A câmara pode recusar a aceitação do recurso constitucional ou, no caso do § 93c, aceitar o recurso constitucional para a decisão. De resto, decide o senado sobre a aceitação.

§ 93c. [Fundabilidade manifesta]

(1) Se existem os pressupostos do § 93a, alínea 2, letra b, e se a questão jurídico-constitucional determinante para a apreciação do recurso constitucional já está decidida pelo tribunal constitucional federal, pode a câmara acolher o recurso constitucional se ele está manifestamente fundamentado. A resolução equipara-se a uma decisão do senado. Uma decisão, que declara com o efeito do § 31, alínea 2, que uma lei é incompatível com a lei fundamental ou outro direito federal, ou nula, permanece reservada ao senado.

(2) Ao procedimento são aplicáveis o § 94, alíneas 2 e 3, e o § 95, alíneas 1 e 2.

§ **93d.** [Procedimento diante da câmara]

(1) A decisão, segundo o § 93b e § 93c é pronunciada sem procedimento oral. Ela é inimpugnável. A recusa da aceitação não carece de fundamentação.

(2) Enquanto e à medida que o senado não decidiu sobre a aceitação do recurso constitucional, pode a câmara promulgar todas as decisões concernentes ao procedimento do recurso constitucional. Uma ordenação cautelar, com a qual a aplicação de uma lei é completamente ou em parte suspensa, pode somente o senado fazer; o § 32, alínea 7, fica intato. O senado decide também nos casos do § 32, alínea 3.

(3) As decisões da câmara são pronunciadas por resolução unânime. A aceitação pelo senado está decidida quando, pelo menos, três juízes a aprovam.

§ **94.** [Audiência de terceiros]

(1) O tribunal constitucional federal dá ao órgão constitucional da federação ou do estado, cuja atuação ou omissão é objetada no recurso constitucional, oportunidade para manifestar-se dentro de um prazo a ser determinado.

(2) Se a atuação ou omissão partiu de um ministro ou de uma autoridade da federação ou do estado, então deve ser dado ao ministro competente oportunidade para a manifestação.

(3) Se o recurso constitucional dirige-se contra uma decisão judicial, então o tribunal constitucional federal dá também ao beneficiado pela decisão oportunidade para a manifestação.

(4) Se o recurso constitucional dirige-se, imediata ou mediatamente, contra uma lei, então o § 77 deve ser aplicado correspondentemente.

(5) Os órgãos constitucionais mencionados nas alíneas 1, 2 e 4 podem aderir ao procedimento. O tribunal

constitucional federal pode prescindir do procedimento oral quando dele não deve ser esperado nenhum outro fomento do procedimento e os órgãos constitucionais autorizados à manifestação, que aderiram no procedimento, renunciam ao procedimento oral.

§ 95. [Decisão]

(1) Se o recurso constitucional é acolhido, então na decisão deve ser comprovado qual prescrição da lei fundamental e por qual atuação ou omissão ela foi violada. O tribunal constitucional federal pode, simultaneamente, declarar que também toda a repetição da medida objetada viola a lei fundamental.

(2) Se o recurso constitucional contra uma decisão é acolhido, então o tribunal constitucional federal anula a decisão, nos casos do § 90, alínea 2, proposição 1, ele remete a matéria a um tribunal competente.

(3) Se o recurso constitucional contra uma lei é acolhido, então essa lei deve ser declarada nula. O mesmo vale quando o recurso constitucional é acolhido segundo a alínea 2, porque a decisão impugnada baseia-se em uma lei anticonstitucional. A prescrição do § 79 vale analogamente.

§ 95a. (Deixou de existir)

§ 96. (Deixou de existir)

Décimo sétimo título

§ 97. (Deixou de existir)

Quarta parte
Prescrições finais

§ 98. [Transferência à aposentadoria]

(1) Um juiz do tribunal constitucional federal entra com o decurso do período do cargo (§ 4, alíneas 1, 3 e 4) na aposentadoria.

(2) Um juiz do tribunal constitucional federal deve, em incapacidade para o serviço duradoura, ser transferido à aposentadoria.

(3) Um juiz do tribunal constitucional federal deve, por solicitação, sem prova da incapacidade para o serviço, ser transferido à aposentadoria, quando ele desempenhou seu cargo como juiz do tribunal constitucional federal, pelo menos, seis anos, e, quando ele

1. consumou o 65 ano de vida, ou

2. é pessoa que sofreu grande mutilação no sentido do § 2, alínea 2, do nono livro do código social e consumou o 60 ano de vida.

(4) Nos casos da alínea 3, o § 4, alínea 4, vale conforme o sentido.

(5) Um juiz na aposentadoria recebe ordenado de aposentadoria. O ordenado de aposentadoria é calculado sobre o fundamento das percepções que ao juiz, segundo a lei sobre o ordenado do cargo dos membros do tribunal constitucional federal, por último competiram. Análogo vale para a assistência aos supérstites.

(6) O § 70 da lei de assistência dos funcionários vale correspondentemente.

§ 99. (Deixou de existir)

§ 100. [Subsídio transitório]

(1) Se o cargo de um juiz do tribunal constitucional federal termina segundo o § 12, então ele recebe, se ele desempenhou seu cargo, pelo menos, dois anos, para a duração de um ano, um subsídio transitório no montante de suas percepções, em conformidade com a lei sobre o ordenado do cargo dos membros do tribunal constitu-

cional federal. Isso não vale para o caso da entrada na aposentadoria segundo o § 98.

(2) Os supérstites de um antigo juiz do tribunal constitucional federal, que no tempo da sua morte percebia subsídio transitório, recebem subsídio funeral, assim como, para o resto do período de percepção do subsídio transitório, subsídio de viuvez e subsídio de órfãos; subsídio funeral, de viuvez e subsídio de órfãos são calculados do subsídio transitório.

§ 101. [Cessão do cargo até agora]

(1) Um funcionário ou juiz, eleito para juiz do tribunal constitucional federal, cessa, salvo a prescrição do § 70, da lei dos juízes alemã, do seu cargo até agora com a nomeação. Para a duração do cargo como juiz do tribunal constitucional federal estão suspensos os direitos e deveres fundados na relação de serviço como funcionário ou juiz. Para funcionários ou juízes acidentados permanece intata a pretensão ao procedimento de cura.

(2) Se termina o cargo como juiz do tribunal constitucional federal, então o funcionário ou juiz, se a ele não é transferido nenhum outro cargo, entra em aposentadoria da sua relação de serviço como funcionário ou juiz e recebe o ordenado de aposentadoria que ele teria recebido em seu cargo antigo, sob acrescentamento do tempo de serviço como juiz do tribunal constitucional federal. À medida que se trata de funcionário ou juiz, que não são funcionário federal ou juiz federal, a federação reembolsa ao empregador o ordenado de aposentadoria, assim como as percepções dos supérstites.

(3) As alíneas 1 e 2 não valem para professor, que tem categoria de funcionário, de direito em uma escola superior alemã. Para a duração de seu cargo como juiz do tribunal constitucional federal estão suspensos fundamentalmente os seus deveres da relação de serviço

como professor de escola superior. Das percepções de serviço da relação de serviço como professor de escola superior são deduzidos dois terços das percepções que competem a ele como juiz do tribunal constitucional federal. A federação reembolsa ao empregador do professor de escola superior os gastos de fato resultantes da sua representação até o montante das quantias deduzidas.

§ 102. [Relação entre várias percepções]

(1) Se compete a um antigo juiz do tribunal constitucional federal uma pretensão de ordenado de aposentadoria, segundo o § 101, então está suspensa essa pretensão para o espaço de tempo, para o qual a ele deve ser pago ordenado de aposentadoria ou subsídio transitório, segundo o § 98 ou § 100, até o montante da quantia dessas percepções.

(2) Se um antigo juiz do tribunal constitucional federal, que percebe subsídio transitório, segundo o § 100, é reempregado no serviço público, então a renda desse emprego é deduzida do subsídio transitório.

(3) Se um antigo juiz do tribunal constitucional federal percebe percepções de serviço, percepções de emérito ou ordenado de aposentadoria de uma relação de serviço, fundamentada como professor de escola superior, antes ou durante o seu período do cargo como juiz constitucional federal, então estão suspensos, ao lado das percepções de serviço, o ordenado de aposentadoria ou o subsídio transitório do cargo de juiz, à medida que eles juntos superam o ordenado do cargo elevado à quantia livre de dedução, segundo o § 101, alínea 3, proposição 3; ao lado das percepções de emérito ou do ordenado de aposentadoria, da relação de serviço como professor de escola superior, serão concedidos o ordenado de aposentadoria ou o subsídio transitório do cargo de juiz até a obtenção do ordenado de

aposentadoria, que resulta sob o tomar por base do tempo de serviço, suscetível de ordenado de aposentadoria, todo e do ordenado do cargo, com acréscimo da quantia livre de dedução, segundo o § 101, alínea 3, proposição 3.

(4) As alíneas 1 a 3 valem analogamente para os supérstites. O § 54, alínea 3, e alínea 4, proposição 2, da lei de assistência dos funcionários, vale conforme o sentido.

§ 103. [Emprego das prescrições a juízes federais]

À medida que nos §§ 98 até 102 nada mais está determinado, aplicam-se aos juízes do tribunal constitucional federal as prescrições jurídico-assistencialistas vigentes para os juízes federais; tempos de uma atividade que é conveniente para o desempenho do cargo de juiz do tribunal constitucional federal, são tempos no sentido do § 11, alínea 1, número 3, letra a, da lei de assistência dos funcionários. As decisões jurídico-assistencialistas toma o presidente do tribunal constitucional federal.

§ 104. [Advogados e notários como juízes no tribunal constitucional federal]

(1) Se um advogado é nomeado para juiz no tribunal constitucional federal, então os seus direitos da admissão estão suspensos para a duração do seu cargo.

(2) Se um notário é nomeado para juiz no tribunal constitucional federal, vale analogamente o § 101, alínea l, proposição 2.

§ 105. [Transferência à aposentadoria, ou despedida de juízes no tribunal constitucional federal]

(1) O tribunal constitucional federal pode autorizar o presidente federal,

1. de, por causa de incapacidade para o serviço duradoura, transferir um juiz do tribunal constitucional federal à aposentadoria;

2. de despedir um juiz do tribunal constitucional federal, quando ele, por causa de uma atuação desonrosa, ou, a uma pena privativa de liberdade de mais de seis meses, foi condenado com coisa julgada, ou quando ele tornou-se culpado de uma violação de dever tão grave que a sua permanência no cargo está excluída.

(2) Sobre a abertura do procedimento, segundo a alínea l, decide o pleno do tribunal constitucional federal.

(3) As prescrições de procedimento gerais, assim como as prescrições do § 54, alínea 1, e § 55, alíneas 1, 2, 4 até 6, valem analogamente.

(4) A autorização segundo a alínea 1 carece da aprovação de dois terços dos membros do tribunal.

(5) Após a abertura do procedimento, segundo a alínea 2, pode o pleno do tribunal constitucional federal destituir provisoriamente do seu cargo o juiz. O mesmo vale, quando contra o juiz, por causa de uma conduta punível, tiver sido aberto o procedimento principal. A destituição provisória do cargo carece da aprovação de dois terços dos membros do tribunal.

(6) Com a despedida, segundo a alínea 1, número 2, perde o juiz todas as pretensões de seu cargo.

§ 106. (Entrada em vigor)

§ 107. (Deixou de existir)

3. Lei Constitucional-Federal Austríaca[1]

D. Tribunal Constitucional

Art. 137 [pretensões jurídico-patrimoniais jurídico-públicas]

O tribunal constitucional federal julga sobre pretensões jurídico-patrimoniais contra a federação, os estados, os municípios e grêmios de municípios, que nem devem ser dirimidas na via jurídica ordinária nem despachadas por decisão de uma autoridade administrativa.

Art. 138 [conflitos de competência; determinação de competência]

(1) O tribunal constitucional julga, ademais, sobre conflitos de competência:

a) entre tribunais e autoridades administrativas;

b) entre o tribunal administrativo e todos os outros tribunais, especialmente também entre o tribunal administrativo e o próprio tribunal constitucional, assim como entre os tribunais ordinários e outros tribunais;

---

[1] A tradução tem por base o texto impresso no BGBl. Nr. 1/1930 na redação que lhe foi dada pela última modificação publicada no BGBl. I, Nr. 100/2003. Observação do tradutor: os títulos entre colchetes não são oficiais.

c) entre os estados uns com os outros, assim como entre um estado e a federação.

(2) O tribunal constitucional comprova, além disso, por solicitação do governo federal ou de um governo estadual, se um ato da dação de leis ou da efetivação cai na competência da federação ou dos estados.

Art. 138a [exame de convênios no sentido do artigo 15a]

(1) Por solicitação do governo federal ou de um governo estadual participante o tribunal constitucional comprova se existe um convênio no sentido do artigo 15a, alínea 1, e se por um estado ou pela federação foram cumpridas as obrigações resultantes de um tal convênio, à medida que não se trata de pretensões jurídico-patrimoniais.

(2) Se está previsto em um convênio no sentido do artigo 15a, alínea 2, o tribunal constitucional comprova, ademais, por solicitação de um governo estadual participante, se existe um tal convênio e se as obrigações, resultantes de um tal convênio, foram cumpridas, à medida que não se trata de pretensões jurídico-patrimoniais.

Art. 139 [exame de regulamento]

(1) O tribunal constitucional julga sobre antilegalidade de regulamentos de uma autoridade federal ou estadual, por solicitação de um tribunal, de um tribunal administrativo independente ou da secretaria de adjudicação federal, porém, à medida que o tribunal constitucional tivesse de aplicar um tal regulamento em um assunto judicial pendente, de ofício. Ele julga sobre antilegalidade de regulamentos de uma autoridade estadual, também por solicitação do governo federal e sobre antilegalidade de regulamentos de uma autoridade federal, também por solicitação de um governo estadual e

120 *Luís Afonso Heck*

sobre antilegalidade de regulamentos de uma autoridade de inspeção municipal, segundo o artigo 119a, alínea 6, também por solicitação do município afetado. Ele julga, ademais, sobre a antilegalidade de regulamentos, por solicitação de uma pessoa, que afirma estar violada imediatamente por essa antilegalidade em seus direitos, à medida que esse regulamento entrou em vigor para essa pessoa sem pronunciamento de uma decisão judicial ou sem expedição de uma notificação; para tais solicitações, o artigo 89, alínea 3, vale conforme o sentido.

(2) Se em um assunto judicial pendente no tribunal constitucional, no qual o tribunal constitucional tem de aplicar um regulamento, a parte é satisfeita da demanda, então, contudo, deve ser continuado um procedimento, já aberto, para o exame da conformidade à lei do regulamento.

(3) O tribunal constitucional deve anular um regulamento como antilegal somente à medida que sua anulação foi solicitada expressamente ou que o tribunal constitucional tivesse de aplicá-lo no assunto judicial nele pendente. Se o tribunal constitucional, contudo, chega à concepção que todo o regulamento

a) carece de fundamento legal,

b) foi expedido por uma autoridade incompetente, ou

c) foi publicado de modo antilegal,

então ele deve anular todo o regulamento como antilegal. Isso não vale quando a anulação de todo o regulamento manifestamente é contrária aos interesses jurídicos da parte, que apresentou uma solicitação segundo a última proposição da alínea 1 ou cujo assunto judicial deu lugar à abertura de um procedimento de exame de regulamento de ofício.

(4) Se o regulamento já ficou sem vigor na data do pronunciamento da decisão do tribunal constitucional e

se o procedimento foi aberto de ofício ou a solicitação apresentada por um tribunal, por um tribunal administrativo independente, pela secretaria de adjudicação federal ou por uma pessoa, que afirma estar violada imediatamente pela antilegalidade do regulamento em seus direitos, então o tribunal constitucional deve declarar se o regulamento era antilegal. A alínea 3 vale conforme o sentido.

(5) A decisão do tribunal constitucional, com a qual um regulamento é anulado como antilegal, obriga as autoridades supremas competentes da federação ou do estado à publicação sem demora da anulação. Isso vale conforme o sentido para o caso de uma declaração segundo a alínea 4. A anulação entra em vigor com o expirar do dia da publicação se o tribunal constitucional não determina um prazo para o ficar sem vigor, que não deve exceder seis meses, se, porém, são necessárias providências legais, 18 meses.

(6) Se um regulamento foi anulado por antilegalidade ou se o tribunal constitucional declarou, segundo a alínea 4, que um regulamento era antilegal, então todos os tribunais e autoridades administrativas estão vinculados à decisão do tribunal constitucional. Aos tipos realizados antes da anulação, com exceção do caso motivador, contudo, o regulamento deve ser aplicado mais além, a não ser que o tribunal constitucional declare outra coisa em sua decisão anuladora. Se o tribunal constitucional, em sua decisão anuladora, fixou um prazo segundo a alínea 5, então o regulamento deve ser aplicado a todos os tipos realizados até o decurso desse prazo, com exceção do caso motivador.

Art. 139a [exame da repromulgação]

O tribunal constitucional julga sobre antilegalidade de publicações de repromulgação de uma lei (tratado estatal), por solicitação de um tribunal, de um tribunal administrativo independente ou da secretaria de adjudicação federal, contanto que, porém, o tribunal constitucional tivesse de aplicar uma tal publicação em um assunto judicial pendente, de ofício. Ele julga sobre antilegalidade de tais publicações de um estado também por solicitação do governo federal e sobre antilegalidade de tais publicações da federação também por solicitação de um governo estadual. Ele julga, ademais, sobre antilegalidade de tais publicações também por solicitação de uma pessoa, que afirma estar violada por essa antilegalidade em seus direitos, à medida que a publicação entrou em vigor para essa pessoa sem pronunciamento de uma decisão judicial ou sem expedição de uma notificação. O artigo 139, alíneas 2 até 6, deve ser aplicado conforme o sentido.

Art. 140 [exame da lei]

(1) O tribunal constitucional julga sobre anticonstitucionalidade de uma lei federal ou estadual, por solicitação do tribunal administrativo, do tribunal supremo, de um tribunal chamado à decisão em segunda instância, de um tribunal administrativo independente ou da secretaria de adjudicação federal, contanto que, porém, o tribunal constitucional tivesse de aplicar uma tal lei em um assunto judicial pendente, de ofício. Ele julga sobre anticonstitucionalidade de leis estaduais, também por solicitação do governo federal e sobre anticonstitucionalidade de leis federais, também por solicitação de um governo estadual, de um terço dos membros do conselho nacional ou de um terço dos membros do conselho federal. Por lei constitucional federal pode ser determinado que um tal direito de solicitar, com respeito à anticonstitucionalidade de leis estaduais, também compete a um terço dos membros do parlamento estadual. O tribunal constitucional julga, ademais, sobre anticonstitucionalidade de leis, por solicitação de uma

pessoa, que afirma estar violada imediatamente por essa anticonstitucionalidade em seus direitos, à medida que a lei entrou em vigor para essa pessoa sem pronunciamento de uma decisão judicial ou sem expedição de uma notificação; para tais solicitações, o artigo 89, alínea 3, vale conforme o sentido.

(2) Se em um assunto judicial pendente no tribunal constitucional, no qual o tribunal constitucional deve aplicar uma lei, a parte é satisfeita da demanda, então, contudo, deve ser continuado um procedimento, já aberto, para o exame da conformidade à constituição da lei.

(3) O tribunal constitucional deve anular uma lei como anticonstitucional somente à medida que sua anulação foi solicitada expressamente ou que o tribunal constitucional tivesse de aplicar a lei no assunto judicial nele pendente. Se o tribunal constitucional, contudo, chega à concepção que toda a lei foi expedida por um órgão de dação de leis, não-chamado segundo a repartição de competências, ou foi publicado de modo anticonstitucional, então ele deve anular toda a lei como anticonstitucional. Isso não vale se a anulação de toda a lei manifestamente é contrária aos interesses jurídicos da parte, que apresentou uma solicitação segundo a última proposição da alínea 1 ou cujo assunto judicial deu lugar à abertura de um procedimento de exame de lei, de ofício.

(4) Se a lei já ficou sem vigor na data do pronunciamento da decisão do tribunal constitucional e se o procedimento foi aberto de ofício ou a solicitação apresentada por um tribunal, por um tribunal administrativo independente, pela secretaria de adjudicação federal ou por uma pessoa, que afirma estar violada imediatamente pela anticonstitucionalidade da lei em seus direitos, então o tribunal constitucional deve declarar se a lei era anticonstitucional. A alínea 3 vale conforme o sentido.

(5) A decisão do tribunal constitucional, com a qual uma lei é anulada como anticonstitucional, obriga o chanceler federal ou o governador competente à publicação sem demora da anulação. Isso vale conforme o sentido para o caso de uma declaração segundo a alínea 4. A anulação entra em vigor com o expirar do dia da publicação se o tribunal constitucional não determina um prazo para o ficar sem vigor. Esse prazo não deve exceder 18 meses.

(6) Se uma lei é anulada como anticonstitucional por uma decisão do tribunal constitucional, então entram novamente em vigor, com o dia da entrada em vigor da anulação, caso a decisão não declare outra coisa, as determinações legais que haviam sido anuladas pela lei julgada anticonstitucional pelo tribunal constitucional. Na publicação sobre a anulação da lei também deve ser publicado se e quais determinações legais novamente entram em vigor.

(7) Se uma lei foi anulada por anticonstitucionalidade ou se o tribunal constitucional declarou, segundo a alínea 4, que uma lei era anticonstitucional, então todos os tribunais e autoridades administrativas estão vinculados à decisão do tribunal constitucional. A todos os tipos realizados antes da anulação, com exceção do caso motivador, a lei, contudo, deve ser aplicada mais além, a não ser que o tribunal constitucional declare outra coisa em sua decisão anuladora. Se o tribunal constitucional em sua decisão anuladora fixou um prazo segundo a alínea 5, então a lei deve ser aplicada a todos os tipos realizados até o decurso desse prazo, com exceção do caso motivador.

Art. 140a [exame de tratados estatais]

(1) O tribunal constitucional julga sobre a antijuridicidade de tratados estatais. Nisso deve ser aplicado aos tratados estatais celebrados com autorização do

conselho nacional, segundo o artigo 50, e aos tratados estatais modificadores de lei ou complementadores de lei, segundo o artigo 16, alínea 1, o artigo 140, a todos os outros tratados estatais, o artigo 139, com a reserva de que tratados estatais, cuja antilegalidade ou anticonstitucionalidade o tribunal constitucional comprova, com o expirar do dia da publicação da decisão não devem ser aplicados pelos órgãos chamados a sua efetivação, se o tribunal constitucional não determina um prazo dentro do qual um tal tratado estatal deve ser aplicado mais além. Esse prazo não deve, nos tratados designados no artigo 50 e nos tratados estatais segundo o artigo 16, alínea 1, que são modificadores de lei ou complementadores de lei, exceder dois anos, em todos os outros tratados estatais, um ano.

(2) Se o tribunal constitucional comprova a antilegalidade ou anticonstitucionalidade de um tratado estatal, então, com o expirar do dia da publicação da decisão, fica sem vigor uma ordenação, relativa a esse tratado estatal, do presidente federal, segundo o artigo 65, alínea 2, segunda proposição, ou uma resolução do conselho nacional, segundo o artigo 50, alínea 2.

Art. 141 [impugnação de eleições e perda do mandato]

(1) O tribunal constitucional federal julga:

a) sobre a impugnação da eleição do presidente federal, de eleições para os corpos representativos gerais, para o parlamento europeu e para os órgãos dadores de estatuto (corpos representativos) das representações profissionais legais;

b) sobre impugnações de eleições no governo estadual e nos órgãos de um município, aos quais é confiada a efetivação;

c) por solicitação de um corpo representativo geral, sobre perda do mandato de um membro seu; por solicitação de, pelo menos, onze deputados do parlamento europeu da república austríaca, sobre perda do mandato de um deputado do parlamento europeu da república austríaca;

d) por solicitação de um órgão dador de estatuto (corpo representativo) de uma representação profissional legal, sobre perda do mandato de um dos membros de um tal órgão;

e) à medida que nas leis da federação ou dos estados, reguladoras das eleições, está prevista a declaração da perda do mandato por decisão de uma autoridade administrativa, sobre a impugnação de tais decisões, pelas quais foi declarada a perda do mandato em um corpo representativo geral, em um órgão de um município, ao qual é confiada a efetivação, ou em um órgão dador de estatuto (corpo representativo) de uma representação profissional legal, depois do esgotamento da via de recursos.

A impugnação (da solicitação) pode ser baseada na antijuridicidade afirmada do procedimento de eleição ou no fundamento previsto legalmente para a perda da qualidade de membro em um corpo representativo geral, no parlamento europeu, em um órgão de um município, ao qual é confiada a efetivação, ou em um órgão dador de estatuto (corpo representativo) de uma representação profissional legal. O tribunal constitucional deve acolher uma impugnação de eleição, se foi demonstrada a antijuridicidade afirmada de um procedimento de eleição e teve influência no resultado da eleição. No procedimento diante das autoridades administrativas, o corpo representativo geral e a representação profissional legal também têm situação de parte.

(2) Se uma impugnação, segundo a alínea 1, letra a, é acolhida e por meio disso torna-se necessária a repeti-

ção, em parte ou completamente, da eleição para um corpo representativo geral, para o parlamento europeu ou para um órgão dador de estatuto da representação profissional legal, então perdem os membros afetados desses corpos representativos seu mandato na data da assunção dos mesmos por aqueles membros que foram eleitos na eleição de repetição a ser realizada dentro de 100 dias depois da notificação da decisão do tribunal constitucional.

(3) Sob quais pressupostos o tribunal constitucional tem de decidir sobre impugnações do resultado de petições populares para plebiscito, consultas populares ou plebiscitos será regulado por lei federal. Por lei federal pode também ser ordenado quanto tempo, com vista a uma tal possibilidade de impugnação com a publicação da lei federal, sobre a qual se realizou um plebiscito, deve ser esperado.

Art. 142 [acusação jurídico-estatal]

(1) O tribunal constitucional julga sobre a acusação com a qual é feito valer a responsabilidade conforme a constituição dos órgãos federais e estaduais supremos pelas violações jurídicas culposas realizadas por sua atividade do cargo.

(2) A acusação pode ser promovida:

a) contra o presidente federal, por causa de violação da constituição federal: por resolução da assembléia federal;

b) contra os membros do governo federal e os órgãos a eles equiparados com respeito à responsabilidade, por causa de violação legal: por resolução do conselho nacional;

c) contra um representante austríaco no conselho, por causa de violação legal em assuntos nos quais a dação de lei seria matéria federal: por resolução do conselho nacional, por causa de violação legal em assuntos nos quais a dação de lei seria matéria estadual: por resoluções idênticas de todos os parlamentos estaduais;

d) contra os membros de um governo estadual e os órgãos a eles equiparados com respeito à responsabilidade por essa lei ou pela constituição estadual, por causa de violação legal: por resolução do parlamento estadual competente;

e) contra um governador, seu representante (artigo 105, alínea 1) ou um membro do governo estadual (artigo 103, alíneas 2 e 3), por causa de violação legal, assim como por causa do não-seguimento dos regulamentos ou outras ordenações (instruções) da federação em assuntos da administração federal mediata, quando se trata de um membro do governo estadual, também das instruções do governador nesses assuntos: por resolução do governo federal;

f) contra órgãos da capital federal Viena, à medida que eles executam tarefas do âmbito da efetivação federal em âmbito de efeito próprio, por causa de violação legal: por resolução do governo federal;

g) contra um governador, por causa do não-seguimento de uma instrução segundo o artigo 14, alínea 8: por resolução do governo federal;

h) contra um presidente ou presidente exercente do cargo do conselho escolar estadual, por causa de violação legal, assim como por causa do não-seguimento dos regulamentos ou outras ordenações (instruções) da federação: por resolução do governo federal;

i)[2] contra os membros de um governo estadual, por causa de violação legal, assim como por causa do não-seguimento de regulamentos da federação nos assuntos

---

[2] O artigo 142, alínea 2, letra i, entra em vigor, segundo o artigo 151, alínea 7, em 1.1.2005.

do artigo 11, alínea 1, número 7, assim como por causa de impedimento dos poderes, segundo o artigo 11, alínea 9: por resolução do conselho nacional ou do governo federal.

(3) Se pelo governo federal, segundo a alínea 2, letra e, a acusação é promovida somente contra um governador ou seu representante e se se mostra que a um outro membro, segundo o artigo 103, alínea 2, ocupado com assuntos da administração federal mediata, do governo estadual é imputada uma culpa no sentido da alínea 2, letra d, então pode o governo federal, a qualquer hora até o pronunciamento da decisão, estender sua acusação também a este membro do governo estadual.

(4) A decisão condenadora do tribunal constitucional deve dizer a perda do cargo, sob circunstâncias agravantes especiais, também a perda temporal dos direitos políticos; em violações jurídicas insignificantes nos casos mencionados na alínea 2 sob c, e, g e h, o tribunal constitucional pode-se limitar à comprovação que existe uma violação jurídica. A perda do cargo de presidente do conselho escolar estadual tem também como conseqüência a perda daquele cargo com o qual o cargo do presidente, segundo o artigo 81a, alínea 3, letra b, está unido.

(5) O presidente federal pode, dos direitos que lhe competem segundo o artigo 65, alínea 2, letra c, fazer uso somente por solicitação do corpo representativo ou dos corpos representativos, por qual ou pelos quais a acusação foi resolvida, se, porém, o governo federal resolveu a acusação, somente por sua solicitação, e precisamente, em todos os casos, somente com aprovação do acusado.

Art. 143 [acusação também por causa de atuações a serem perseguidas judicial-penalmente]

A acusação contra os denominados no artigo 142 pode também ser promovida por causa de atuações a serem perseguidas judicial-penalmente, que estão relacionadas com a atividade do cargo daquele a ser acusado. Nesse caso, somente o tribunal constitucional torna-se competente; as investigações nos tribunais penais ordinários, por exemplo, já pendentes, passam para ele. O tribunal constitucional pode, em tais casos, aplicar, ao lado do artigo 142, alínea 4, também as determinações legal-penais.

Art. 144 [recurso constitucional contra decisão]

(1) O tribunal constitucional julga sobre recursos contra decisões das autoridades administrativas, inclusive dos tribunais administrativos independentes, à medida que o promovente do recurso afirma estar violado, pela decisão, em um direito garantido legal-constitucionalmente ou, por causa da aplicação de um regulamento antilegal, da publicação antilegal de repromulgação de uma lei (tratado estatal), de uma lei anticonstitucional ou de um tratado estatal antijurídico, em seus direitos. O recurso pode ser promovido somente depois do esgotamento da via de recursos.

(2) O tribunal constitucional pode recusar o tratamento de um recurso até a negociação por resolução, quando ele não tem probabilidade de êxito suficiente ou da decisão não deve ser esperado o esclarecimento de uma questão jurídico-constitucional. A recusa do tratamento é inadmissível quando se trata de um caso que, segundo o artigo 133, está excluído da competência do tribunal administrativo.

(3) Se o tribunal constitucional considera que pela decisão impugnada da autoridade administrativa foi violado um direito no sentido da alínea 1, e se não se trata de um caso que, segundo o artigo 133, está excluído da competência do tribunal administrativo, então deve o

tribunal administrativo, por solicitação do promovente do recurso, ceder o recurso para a decisão sobre isto, se o promovente do recurso foi violado em um outro direito pela decisão, ao tribunal administrativo. Isso vale conforme o sentido em resoluções, segundo a alínea 2.

Art. 145 [violação de direito internacional público]

O tribunal constitucional julga sobre violações do direito internacional público, segundo as determinações de uma lei federal especial.

Art. 146 [execução das decisões]

(1) A execução das decisões do tribunal constitucional, segundo o artigo 126a, artigo 127c e artigo 137, é realizada pelos tribunais ordinários.

(2) A execução das decisões restantes do tribunal constitucional cabe ao presidente federal. Ela deve ser realizada segundo suas instruções pelos órgãos, encarregados para isso segundo seu poder discricionário, da federação ou dos estados, inclusive do exército federal. A solicitação de execução de tais decisões deve ser apresentada pelo tribunal constitucional no presidente federal. As instruções mencionadas do presidente federal não carecem, quando se trata de execução contra a federação ou contra órgãos federais, de contra-rubrica, segundo o artigo 67.

Art. 147 [composição do tribunal constitucional]

(1) O tribunal constitucional compõe-se de um presidente, um vice-presidente, doze outros membros e seis membros suplentes.

(2) O presidente, o vice-presidente, seis outros membros e três membros suplentes o presidente federal nomeia por proposta do governo federal; esses membros e membros suplentes devem ser retirados do círculo dos juízes, funcionários administrativos e professores

de uma disciplina científico-jurídica em uma universidade. Os restantes seis membros e três membros suplentes o presidente federal nomeia com base em propostas feitas pelo conselho nacional, para três membros e dois membros suplentes, e pelo conselho federal, para três membros e um membro suplente. Três membros e dois membros suplentes devem ter seu domicílio contínuo fora da capital federal Viena. Funcionários administrativos do serviço ativo, que são nomeados como membros ou membros suplentes devem, na supressão de suas percepções, ser postos fora de serviço. Isso não vale para os funcionários administrativos nomeados como membro suplente, que foram isentados de todas as atividades vinculadas à instrução, durante a duração dessa isenção.

(3) O presidente, o vice-presidente, assim como os restantes membros e membros suplentes devem ter consumado o estudo da ciência do direito e da ciência do estado e já ter uma experiência profissional durante, pelo menos, dez anos, para a qual está prescrita a consumação desses estudos.

(4) Ao tribunal constitucional não podem pertencer: membros do governo federal ou de um governo estadual, ademais, membros do conselho nacional, do conselho federal ou de um outro corpo representativo geral; para membros desses corpos representativos, que foram eleitos para um período de dação de lei ou de função determinado, a incompatibilidade persiste também na renúncia prematura do mandato até o decurso do período de dação de lei ou de função. Finalmente, ao tribunal constitucional não podem pertencer pessoas que são empregados ou outros funcionários de um partido político.

(5) Para presidente ou vice-presidente do tribunal constitucional não pode ser designado quem desempenhou uma das funções indicadas na alínea 4 durante os últimos quatro anos.

(6) Aos membros e membros suplentes do tribunal constitucional são aplicáveis o artigo 87, alíneas 1 e 2, e artigo 88, alínea 2; as determinações circunstanciadas serão reguladas na lei federal a ser promulgada segundo o artigo 148. Como limite de idade, em virtude de cuja obtenção seu cargo termina, é determinado o 31 de dezembro do ano, no qual o juiz consumou o septuagésimo ano de vida.

(7) Se um membro ou membro suplente não obedeceu a três invitações consecutivas para uma negociação do tribunal constitucional sem escusa suficiente, então o tribunal constitucional deve comprovar isso depois de sua audiência. Essa comprovação tem como conseqüência a perda da qualidade de membro ou da qualidade de membro suplente.

Art. 148 [lei do tribunal constitucional federal; regulamento interno]

As determinações circunstanciadas sobre a organização e o procedimento do tribunal constitucional serão reguladas por uma lei federal especial e, com base nessa, por um regulamento interno, a ser resolvido pelo tribunal constitucional.

4. Lei Fundamental para a República Federal da Alemanha[1]

Capítulo IX – A Jurisdição

Art. 92. [Poder jurisdicional]

O poder jurisdicional está confiado aos juízes; ele é exercido pelo tribunal constitucional federal, pelos tribunais federais previstos nesta lei fundamental e pelos tribunais dos estados.

Art. 93. [Competência do tribunal constitucional federal]

(1) O tribunal constitucional federal decide:

1. sobre a interpretação da lei fundamental, por motivo de litígios sobre a extensão dos direitos e deveres de um órgão federal supremo ou de outros participantes, que estão dotados com direitos próprios por meio desta lei fundamental ou no regulamento interno de um órgão federal supremo;

2. em divergência de opiniões ou dúvidas sobre a compatibilidade formal e material de direito federal ou direito estadual com esta lei fundamental ou a compatibilidade de direito estadual com outro direito federal,

---

[1] De 23 de maio de 1949 (BGBI. S. 1). BGBI. III/FNA 100-1.
Observação do tradutor: os títulos entre colchetes não são oficiais.

Jurisdição Constitucional e Legislação Pertinente
no Direito Comparado

por solicitação do governo federal, de um governo estadual ou de um terço dos membros do parlamento federal;

2a. em divergência de opiniões, se uma lei corresponde aos pressupostos do artigo 72, alínea 2, por solicitação do conselho federal, de um governo estadual ou da representação popular de um estado;

3. em divergência de opiniões sobre direitos e deveres da federação e dos estados, particularmente na execução do direito federal por meio dos estados e no exercício da inspeção federal;

4. em outros litígios jurídico-públicos entre a federação e os estados, entre estados distintos ou no interior de um estado, à medida que outra via jurídica não está dada;

4a. sobre recursos constitucionais, que podem ser promovidos por cada um com a afirmação de estar violado pelo poder público em um dos seus direitos fundamentais ou em um dos seus direitos contidos no artigo 20, alínea 4, artigos 33, 38, 101, 103 e 104 da lei fundamental;

4b. sobre recursos constitucionais de municípios e de grêmios de municípios, por causa da violação do direito 166 à auto-administração segundo o artigo 28, por uma lei, em leis estaduais, contudo, somente à medida que não pode ser promovido recurso no tribunal constitucional estadual;

5. nos demais casos previstos nesta lei fundamental.

(2) O tribunal constitucional federal torna-se ativo, ademais, nos casos a ele atribuídos mais além por meio de lei federal.

Art. 94. [Composição do tribunal constitucional federal]

(1) O tribunal constitucional federal compõe-se de juízes federais e de outros membros. Os membros do

tribunal constitucional federal são eleitos, metade pelo parlamento federal, metade pelo conselho federal. Eles não devem pertencer nem ao parlamento federal, ao conselho federal ou ao governo federal, nem a órgãos correspondentes de um estado.

(2) Uma lei federal regula a sua constituição e o procedimento e determina em que casos suas decisões têm força de lei. Ela pode transformar o esgotamento anterior da via judicial em pressuposto para recursos constitucionais e prever um procedimento de aceitação particular.

Art. 95. [Tribunais federais supremos]

(1) Para as áreas da jurisdição ordinária, administrativa, financeira, trabalhista e social, a federação estabelece, como tribunais supremos, o tribunal federal, o tribunal administrativo federal, o tribunal financeiro federal, o tribunal do trabalho federal e o tribunal social federal.

(2) Sobre o chamamento dos juízes desses tribunais decide o ministro federal competente para o âmbito material respectivo, em comum com uma comissão de eleição de juízes, que se compõe dos ministros dos estados competentes para o âmbito material respectivo e de um número igual de membros, que são eleitos pelo parlamento federal.

(3) Para a salvaguarda da uniformidade da jurisprudência deve ser formado um senado comum dos tribunais mencionados na alínea 1. Os detalhes regula uma lei federal.

Art. 96. [Outros tribunais federais]

(1) A federação pode estabelecer um tribunal federal para os assuntos de proteção jurídica industrial e comercial.

Jurisdição Constitucional e Legislação Pertinente
no Direito Comparado

(2) A federação pode estabelecer tribunais penais militares para as forças armadas como tribunais federais. Eles podem exercer a jurisdição penal somente em situação de defesa, assim como sobre os membros das forças armadas, que foram enviados ao exterior ou embarcados no bordo de navios de guerra. Os detalhes regula lei federal. Esses tribunais fazem parte do âmbito de assunto do ministro da justiça federal. Os seus juízes de carreira devem ter a capacidade para o cargo de juiz.

(3) O tribunal supremo para os tribunais mencionados nas alíneas 1 e 2 é o tribunal federal.

(4) A federação pode, para pessoas que estão para com ela em uma relação de serviço jurídico-pública, estabelecer tribunais federais para a decisão em procedimento disciplinar e procedimento recursal.

(5) Para procedimentos penais nas áreas do artigo 26, alínea 1, e da proteção do estado, pode uma lei federal, com a aprovação do conselho federal, prever que tribunais dos estados exerçam a jurisdição da federação.

Art. 97. [Independência dos juízes]

(1) Os juízes são independentes e estão submetidos somente à lei.

(2) Os juízes, empregados de carreira e conforme o plano definitivamente, podem, contra a sua vontade, somente em virtude de decisão judicial e somente por fundamentos e sob as formas que as leis determinam, antes da expiração de seu período do cargo, ser despedidos ou, duradoura ou temporalmente, destituídos de seu cargo, ou transferidos a um outro posto ou à aposentadoria.

A legislação pode fixar limites de idade, em cuja obtenção juízes empregados por toda a vida entram em aposentadoria. Em alteração da instalação dos tribunais ou das suas circunscrições podem juízes ser transferidos a um outro tribunal ou ser afastados do cargo, contudo, somente sob deixação do ordenado pleno.

Art. 98. [Posição jurídica dos juízes]

(1) A posição jurídica dos juízes federais deve ser regulada por lei federal particular.

(2) Se um juiz federal, no cargo ou fora do cargo, infringir os princípios da lei fundamental ou a ordem constitucional de um estado, então o tribunal constitucional federal pode, com maioria de dois terços, por solicitação do parlamento federal, ordenar que o juiz seja transferido a um outro cargo ou à aposentadoria. No caso de uma infração dolosa pode ser condenado à despedida.

(3) A posição jurídica dos juízes nos estados deve ser regulada por lei estadual particular. A federação pode promulgar prescrições-quadro, à medida que o artigo 74a, alínea 4, nada mais determina.

(4) Os estados podem determinar que, sobre o emprego dos juízes nos estados, o ministro da justiça estadual decida em comum com uma comissão de eleição de juízes.

(5) Os estados podem, para juízes estaduais, adotar uma regulação correspondente à alínea 2. Direito constitucional estadual permanece intacto. A decisão de uma acusação contra um juiz compete ao tribunal constitucional federal.

Art. 99. [Competência de tribunais da federação em virtude de direito estadual]

Ao tribunal constitucional federal pode, por lei estadual, ser destinada a decisão de litígios constitucionais no interior de um estado, aos tribunais supremos para a última instância, mencionados no artigo 95, alínea l, a decisão em tais matérias nas quais se trata da aplicação de direito estadual.

Jurisdição Constitucional e Legislação Pertinente
no Direito Comparado

Art. 100. [Controle normativo]

(1) Se um tribunal considera uma lei, de cuja validade trata-se na decisão, inconstitucional, então o procedimento deve ser suspenso e, se se trata da violação da constituição de um estado, ser pedida a decisão do tribunal do estado competente para litígios constitucionais, se se trata da violação desta lei fundamental, a decisão do tribunal constitucional federal. Isso também vale quando se trata da violação desta lei fundamental pelo direito estadual ou da incompatibilidade de uma lei estadual com uma lei federal.

(2) Se em um conflito jurídico é duvidoso se uma regra de direito internacional público é componente do direito federal e se ela cria direitos e deveres imediatos ao particular (artigo 25), então o tribunal deve pedir a decisão do tribunal constitucional federal.

(3) Se o tribunal constitucional de um estado, na interpretação da lei fundamental, quer desviar-se de uma decisão do tribunal constitucional federal ou do tribunal constitucional de um outro estado, então deve o tribunal constitucional pedir a decisão do tribunal constitucional federal.

Art. 101. [Tribunais de exceção, tribunais especiais]

(1) Tribunais de exceção são inadmissíveis. Ninguém deve ser subtraído de seu juiz legal.

(2) Tribunais para âmbitos materiais particulares podem somente por lei ser estabelecidos.

Art. 102. [Pena de morte]

A pena de morte é abolida.

Art. 103. [Direitos fundamentais do réu]

(1) Diante do tribunal cada um tem a pretensão de audiência jurídica.

140   *Luís Afondo Heck*

(2) Um ato pode somente ser apenado se a punibilidade estava determinada legalmente antes do ato ter sido iniciado.

(3) Ninguém pode por causa do mesmo ato, com base nas leis penais gerais, ser apenado várias vezes.

Art. 104. [Retirada da liberdade]

(1) A liberdade da pessoa pode somente com base em uma lei formal e somente sob a observância das formas nela prescritas ser limitada. Pessoas retidas não devem ser maltratadas, nem psíquica, nem fisicamente.

(2) Sobre a admissibilidade e continuação de uma retirada da liberdade somente o juiz pode decidir. Em cada retirada da liberdade, que não está baseada em ordenação judicial, deve, sem demora, ser provocada uma decisão judicial. A polícia não pode, por plenitude de poderes própria, manter em custódia própria ninguém mais tempo do que o final do dia após a tomada. Os detalhes devem ser regulados legalmente.

(3) Cada detido provisório, por causa da suspeita de uma atuação punível, deve, o mais tardar no dia seguinte ao da detenção, ser apresentado ao juiz, que deve comunicar a ele os fundamentos da detenção, interrogá-lo e dar-lhe oportunidade para objeções. O juiz deve, sem demora, ou promulgar uma ordem de prisão escrita, dotada com fundamentos, ou ordenar a liberação.

(4) De cada decisão judicial sobre a ordenação ou continuação de uma retirada da liberdade deve, sem demora, ser informado um familiar do retido ou uma pessoa de sua confiança.

Impressão:
Evangraf
Rua Waldomiro Schapke, 77 - P. Alegre, RS
Fone: (51) 3336.2466 - Fax: (51) 3336.0422
E-mail: evangraf.adm@terra.com.br